Theme 60

중상급자용

일본어회화

즐거운!!
프리토킹

Free-Talking Japanese

千秋英二・高野 進・岡崎 学 共著

はじめに

　1990年代の初め頃は、韓国の日本語学院の上級フリートーキングクラスでは、ビジネス、資格、趣味等の目的で学習者が集まり、毎日テーマを変えて、活発な会話がなされていました。それは今も同じと思いますが、当時は日本に何年か住んだことがあったり、仕事で何度も出張に行ったとか、そう言う人は別にして、韓国で日本語を勉強した人は、たいてい日本の文化や日本人については、あまりよく知らないという状況でした。

　しかし1994年に時事日本語社から「楽しいフリートーキング」が出版された当時にはだいぶ状況が変わり、最近の流行などは長く韓国で暮らしている日本人教師より、学習者のほうが詳しいといったケースも多く、衛星放送で日本のNHKを見たり、日本の雑誌を通して、日本のことが韓国によく伝わってくるようにもなりました。他にも受験、就職などへの日本語学習の必要性などから、日本語を学習する層が広がっていったわけです。そして現在に到るまでに、ゲームや日本の歌、ドラマ、映画などを通して日本語に接する機会が増えたため、日本語学習者が増え、それと同時に日本語学習のテキストや教育、学習方法も研究が重ねられ多様化されてきました。

　そのような流れの中、この度「楽しいフリートーキング」の内容を時代に合う物に一新し、かつ学習者が自由な対話練習の中で、何に重点を置くべきかにポイントをしぼって編集されたのが本書です。ただし上級フリートーキングクラスの学習者は、様々な目的で学習しており、またそれぞれが願う学習のスタイルが違うため、基本的な構成は自由に活用できる「楽しいフリートーキング」に準ずる形となっています。

　そして今回の改訂に当たって中級、上級の1、2巻に分け、弱点補強のため、1巻には「フリートーキング攻略10箇条」、2巻には「作文練習」などの項目を加えて、学習者が確実に実力アップできるように配慮されています。これらの特徴を十分に学習活動に活用して会話練習をすれば、日本語会話の実力は確実にアップするはずです。

　最後に今回の改訂に当たり、時事日本語社の厳鎬烈社長、出版社のみなさん、時事日本語学院の講師の方々に大変お世話になりました。心から感謝いたします。

2001年　9月
執筆者一同

CONTENTS

● 머리말 … 3

第1章
様々な問題をテーマにした会話用教材

1	食生活と健康について考える	● 健康食品 … 8	
2	豊かな生活とお金の誘惑	● お金 … 10	
3	喜びと余裕のある生活とは？	● レジャーを楽しく … 112	
4	青春と知識偏向の学校教育	● 受験戦争 … 14	
5	女性美は最高の芸術かどうか	● ミス・コンテスト … 16	
6	推薦図書と悪書追放運動推進	● 読書 … 18	
7	「盗み」は人類全体の課題だ	● 泥棒と誘拐事件 … 20	
8	喧嘩はストレス解消になるか？	● けんか作法 … 22	
9	お世辞はそれぐらいにして！	● 魅力のある人 … 24	
10	日本人はサービス精神世界一	● 小さな親切・大きなお世話 … 26	
11	男は泣くものではないのか？	● 涙 … 28	
12	酒は百薬の長か？悪魔の水か？	● アルコール依存症 … 30	
13	父権失墜が家族に及ぼす影響	● 男の居場所 … 32	
14	もしもう一度生まれ変われたら	● 男女差別 … 34	
15	会社の中での男女の壁を考える	● 女性の社会進出 … 36	
16	空想の域を超えた超過激表現	● マンガ氾濫 … 38	
17	家族意識の薄れと個人主義問題	● 三世代家族 … 40	
18	魅力あるあなたへの自己改造	● なくて七癖 … 42	
19	愛、その永遠と破滅	● 男女の愛の本質とは何か？ … 44	
20	新婚生活は春の雰囲気が漂う	● 幸せな結婚へのプロローグ … 46	
21	非科学的と言われる心霊世界	● 非科学現象 … 48	
22	運命を決めるのはあなた自身だ	● 運命 … 50	
23	未婚の母と家庭の崩壊を考える	● 未婚の母 … 52	

CONTENTS

24 バイオの発達で代理母が登場 ● 「産みの親」か?「育ての親」か? … 54
25 幸せに生きるための条件とは? ● 愛・生命・お金 … 56
26 男女の愛は絶対的なものか? ● 三角関係 … 58
27 運命を左右する結婚の相性 ● 幸福な出会い … 60
28 子供にやさしい社会とは何か? ● 日本は子育て天国 … 62
29 夫婦がお互いに嘘をつく時代 ● 夫婦の不信 … 64
30 次世代を担う青少年の倫理観 ● 倫理意識 … 66
31 便利な代行ビジネス ● 忙しい時代を狙ったビジネス … 68
32 起業家を育てよう ● ビジネス体験 … 70
33 会社一筋の会社人間が危ない ● 過労死 … 72
34 清潔さは人生成功の鍵 ● トイレ掃除の効用 … 74
35 終身雇用から能力主義の時代に ● 社会人向けの講座 … 76
36 子育てにおける父親の役割 ● 子育てと父親 … 78
37 人間の生命の尊厳性を考える ● 安楽死は是か否か … 80
38 人口問題とクローン ● 少子化⇒無子化 そしてクローン人間? … 82
39 広告の功罪 ● 広告の功罪 … 84
40 21世紀 ● 21世紀になくなるもの … 86

第2章

日常会話でよく使われる表現や文型をマスターするための会話教材

41 ノーテンキな性格 ● こんな忘れ物! … 90
42 熱狂スポーツ観戦 ● 日本人はスポーツ好き … 93
43 究極の癒しをさがして ● 香りで安らぎ … 96
44 何処に潜んでいるかわからぬ恐怖 ● 私が恐怖を感じる時 … 99
45 プライベートの区域を与える ● 子供部屋の見直し … 102

CONTENTS

- *46* 変化、発展と衰退 ● 時代により変わる人気ある職業 … 105
- *47* スピード時代のサラリーマン ● 若さをかけてアイディアで勝負 … 108
- *48* 嘘でもいいから自慢してみよう ● 私の自漫 … 111
- *49* ものを大切にすることから生まれるレトロ ● 文明の利器 … 114
- *50* 韓国と日本を比較する ● 小さいものは美しい … 117

第3章

チームに分かれて楽しくできる 討論・ゲーム用教材

- *51* 民意を国政に反映させよう(1) ● 国会討論 ① … 122
- *52* 民意を国政に反映させよう(2) ● 国会討論 ② … 124
- *53* 民意を国政に反映させよう(3) ● 国会討論 ③ … 126
- *54* たで食う虫も好き好き(1) ● ディスカッション ① … 128
- *55* たで食う虫も好き好き(2) ● ディスカッション ② … 130
- *56* 緊急事態の時の人間心理を分析 ● 難破船 … 132
- *57* 聞き取りの実力を試そう(1) ● 億万長者ゲーム ① … 134
- *58* 聞き取りの実力を試そう(2) ● 億万長者ゲーム ② … 136
- *59* 現代は「雄弁が金」の時代! ● 雄弁大会 … 138
- *60* こんなテーマで楽しい会話を ● 私は話したくて話したくてたまらない! … 140

第1章
様々な問題をテーマにした会話用教材

1 食生活と健康について考える

ポイント スピード化時代の到来によって、現代人の生活がとても忙しくなった。右手にハンバーガー、左手にコーラといったアメリカンスタイルが世界の隅々まで浸透していく。簡単で手っ取り早いという長所はあるが、インスタント食品のほとんどが合成保存料と着色料のかたまりだということを考えると健康に悪いということは一目瞭然である。生きていく上で切っても切れない食生活と健康について考えてみたい。いくら品種が良い稲だといっても栄養がなければ稲も枯れてしまうのだから……。

時　間 50分

学習目標
1. インスタント食品の問題点を分析する。
2. 変則的な食生活から来る病気について発表する。
3. どのような食生活をすれば健康を維持できるか考える。

準　備 問題があると思われる食品、健康食品のパンフレット
社会問題になった食品に関する資料

語彙表現 農薬　政府の基準規定値　大量生産　体をこわす　体がだるい
胃がもたれる　疲れがとれない　手軽だ　作るのが面倒くさい
好き嫌いがはげしい　食べず嫌い　健康状態が気になり始めた
ビタミン不足　バランスのとれた食生活　塩分を取りすぎない　糖尿病
発癌性物質　とうがらし

健康食品

最近、健康食品に対する関心が高まってきている。健康の問題は誰にとっても、一番関心のあることだろう。農産物がよく育つのは、もちろん品種がいいという種の問題もあるが地中から吸収する栄養素が大きなウエートを占めている。人間も同じだ。その大切な栄養素である食品に、いろいろな人工の添加物がふくまれているのだから、これは黙ってはいられない問題である。ところで韓国は昔から万病に効く朝鮮人参の産地として知られている。その点では、健康に関しては昔から先進国であったのだろう。健康食品について考えて見ることにしよう。

Free Talking

1　アメリカ産農産物をどう思いますか。

2　健康を考えるようになったきっかけは？

3　インスタント食品をよく食べますか。

4　あなたは偏食をしますか。

5　健康食品には関心があるほうですか。

6　あなたは健康を維持するためにどんな努力をしますか。

7　食品に関して気をつけていることは？

8　高麗人参はどんな効果がありますか。

9　キムチにはどんな栄養分がありますか。

10　長生きするためには、どんな食事管理が大切だと思いますか。

2 豊かな生活とお金の誘惑

ポイント 現在、世界の経済体制の潮流は資本主義と共産主義という東西の対立時代から資本主義の一応の勝利時代を迎えている。資本が資本を生む資本主義の体制は、悪く言えばお金持ちはどんどんお金持ちになり、貧しい者はますます貧しくなるという経済体制だ。これに対しては不満も多いだろう。誰もがより良い生活をしたいと思っている。そのためには「お金」が必要だ。一生懸命働いてわずかなお金をもらうより、楽をして簡単にお金をもうけられるのならば……。誰でも「お金の誘惑」には弱い。

時　間 50分

学習目標
1. 「お金」の本来の使用目的について考える。
2. 「金は天下の回りもの」。「お金」にまつわるエピソードを聞く。
3. 人間としてどのように生きていくのが美しい生き方かを考える。

準　備 国会議員の資産公開と辞退の記事、大学不正入試摘発の記事、金融実名制の影響、お金持ちの息子と中流家庭の息子と貧しい家庭の息子の違い、遺産相続騒動の原因

語彙表現 お金があれば何でもできる　月給　ボーナス　利己主義　株式会社　当然の権利　大企業　財閥　創始者　世襲制　独立　商売を始める　地価高騰　土地成金　投資　共稼ぎ　共働き　残業　大量消費　浪費　ぜいたくをする　節約　切り詰める　預金　貿易黒字　円高　バブル経済　へそくり　ブロック経済

お金

　いつしか人類は社会を形成し、物々交換から貨幣経済をなすに至った。そうして持てる者はますます富み、持たざる者はますます貧しくなり、社会に階層が生じた。それは今も昔も変わりない。持てる者は自分の財産を確保し、さらに財欲を増し「お金の亡者」と化していく。それと反対に持たざる者は、持てる者への不満をつのらせ、自分の運命を呪う。同じ人間として生まれたのに、ど

うしてこのように違うのだろうか。誰もが一度は考えるテーマだろうが、資本主義の暴走を抑えているのが民主主義である。民主主義のもとでは誰もが平等であり、機会均等である。誰でも「努力」をすれば、大金持ちにもなれれば、大統領にもなれる。今、あなたはこのような社会の中で一生懸命生きているわけだが、さて、あなたの「お金」に対する考え方はどうか？「人間」としての道を忘れることのないよう、この「お金」について考えてみたい。

Free Talking

1　あなたはお金持ちになりたいですか。

2　月にいくらもらえれば満足できますか。

3　クレジットカードについてどう思いますか。

4　どうすればお金持ちになれますか。

5　現在の韓国経済の問題点は？

6　経済大国日本に学ぶべき点は？

7　「趣味・教養・社交費」の中で、真っ先に節約するのは何ですか。

8　「お金・生命・愛」この中で一つ選ぶとしたら、どれを選びますか。

3 喜びと余裕のある生活とは？

ポイント　現代社会では価値観の変化から、無理をしてローンで家を買い、つつましい生活をするというよりも、自家用車を買ってレストランでおいしい料理を食べたり、海外旅行に出かけたりしながら、日々の生活を満喫しようとするライフ・スタイルが広がってきている。時間とお金に余裕のある生活とは「創造性」を生むものだ。歴史的にも政治、経済が安定した時代に、輝かしい文化、芸術の結実が見られることからも、それは明白だ。

時　間　50分

学習目標
1. 最近の若者の生活意識について話し合う。
2. 理想的な労働条件について話し合う。
3. レジャーの楽しみ方について話し合う。

準　備　平均的なサラリーマンの給料、家の価格表、車の値段
日本と韓国のカレンダー、日本地図、世界地図

語彙表現　成人の日　緑の日　メーデー　憲法記念日　子供の日
ゴールデンウイーク　振り替え休日　体育の日　勤労感謝の日
有給休暇　ふろしき残業　能力を生かす　声をかける　異国情緒
見聞を広げたい　縁がある　青春を謳歌する
物事をどうも悪く考えがちだ

レジャーを楽しく

若い時は、あちこちレジャーに出かけたいものだ。いつも見慣れた生活空間から、全く違った別世界に行ってみたいし、新しい仲間とも、もっと深く触れ合ってみたい。若ければ若いほど好奇心は旺盛だ。その意味では「出会い」を恐れてはいけないだろう。どっちにしろ生きていくのならば「人間好き」になったほうが絶対に得なのだ。思いやりと笑顔をもって接すれば、人は誰でもその人柄に包み込まれてしまう。人生は楽しく生きたほうがいい。だから、楽しく生きるように努力することだ。喜びを得るためには、そのための積極的なアプローチが必要であり、与えられるのを待ってばかりではいけない。テレビゲームもカラオケも自分が上達しないで、下手なままではやる気がしなくなる。レジャーはそこまで本気でやらなくても、ゆっくり憩いの時間が持てればいいと言う人もいるだろうが、互いに喜びを与えあえれば、もっと楽しくなり、忘れられない思い出も作れるはずだ。会社でストレスがたまっても、親しい人がそばにいるだけで、精神状態が安定するというデータがある。心が安らぐ、楽しい時間を過ごすために、レジャーには誰かパートナーがいたほうがよさそうだ。ともかく最高に楽しむためには最高の環境を準備しなければならず、そこに参加する自らもやはり最高であることが調和を作り出すために必要なことと言えよう。

Free Talking

1. 韓国は休日が多いですか。（韓国人は働きすぎですか。）
2. 週休二日制の施行についてどう思いますか。
3. 休日は一人で休みたいですか。
4. 一ヶ月に休日が５日あるとしたら、どのように使いたいですか。
（例：家族と過ごす、友人と過ごす、スポーツ、寝る、旅行、他）
5. 若いときには時間とお金を何に費やしましたか。（３つあげてください）
6. 最近は主に何に費やしますか。（３つあげてください）
7. ハングリー精神が生み出すものは何でしょうか。（発明、ドラマ、新記録、他）
8. 自由や豊かさの中で花開いた文化や芸術作品は？（思想、文学、美術、他）
9. 一年間のリフレッシュ休暇（一年間の有給休暇）がもらえたら、何をしますか。
10. お金に余裕はなくても、それでもやりたいレジャーはなんですか。

4 青春と知識偏向の学校教育

ポイント 学生時代は思春期を迎えるまでは、新しい知識を覚える喜びと、ただひたすら遊んだ記憶が残っているであろうが、やっと思春期を迎えて異性への関心が芽生えてくる頃になって、時期よろしくやってくるのが「受験戦争」だ。恋をすれば勉強がおろそかになって学力が下がる。情操的発育が知性を妨害するというアイロニーの中で、子供の将来を心配する教育ママからは勉強、勉強とガミガミ言われる。何ともやりきれないものだ。誰もが通過した「受験戦争」というハードルについて考えてみよう。

時　間 50分

学習目標
1. 得意だった科目と効果的な勉強法について説明する。
2. 「受験戦争」に対する各自の見解を述べる。
3. 自らの青春をふりかえる。

準　備 大学入試制度に関する資料、今年の高校・大学の競争率
青少年問題に関する記事

語彙表現 ガリ勉　夜更かし　参考書　問題集を解く　記憶法　苦手　自由放任
社会生活に役に立つ　計算力　合格ライン　夜食　塾に通う　運がいい
緊張する　進学　相談　推薦入学　思い悩む　合格発表　がっかりする
胴上げ　うきうきする　恋心　山をかける

受験戦争

高校時代というと、進学校に通う学生たちは勉強が忙しいけれども、いろんなことに関心があるし、考え方もかなり大人に近いし、昔は義務教育の中学が終わると「金のたまご」などと言われて就職したわけだから、社会に出てもやっていけるはずだ。アイドル歌手だって10代にデビューするのだし、楽器を買ってロックバンドを組んで音楽を楽しんでいる者も多い。高校野球などのスポーツも、勉強の心配以外はすべて忘れて純粋にすべてを投入できる最期のチャンスでもあるだろう。とにかく青春時代のまっただ中にあって、エネルギーを何かにぶつけたいという時期であるにちがいない。そんな時期に勉強だけに集中するというのは極めて困難なことだ。そんな様々な誘惑に勝った者だけが生き残れるのかもしれない。

Free Talking

1. あなたは高校受験・大学受験のとき、どのように勉強しましたか。
2. 能率の上がる勉強法は？（朝型？夜型？）
3. 学生時代、勉強したことを今でも覚えていますか。
4. 何が一番役立ったと思いますか。（科目）
5. あなたのお父さん、お母さんは勉強にうるさいですか。
6. 現行の大学入試制度の問題点と解決案を考えてください。
7. ４年制大学で有利なこと、不利なことは何ですか。
8. 韓国では政界・経済界・法曹界でどんな学閥が形成されていますか。
9. 受験戦争は激しいですか。またその弊害は？
10. 勉強と恋愛とどちらが魅力がありますか。

5 女性美は最高の芸術かどうか

- ポイント 「美人は得か損か？」と聞かれた時、あなたはどのように答えるだろうか？特別な理由がない限り、美人が得に決まっている。男性は野性的な肉体美を、女性は神秘的な慰労の美を性の属性として持っている。「美女と野獣」とはよく言ったものだ。ところで、「美女」とは何なのだろうか？何に美的価値基準を置いたものなのだろうか？男性の最大の関心事の一つとも言える「女性美」について考えてみよう。

- 時　間 50分

- 学習目標　 1. 「女性美」とは何かについて考える。
　　　　　　2. ミス・コンテストの審査基準についてそれぞれの意見を言う。
　　　　　　3. 西洋的美人と東洋的美人を比較する。

- 準　備 ミス・コンテストのパンフレット、ファッション雑誌、最近の流行に関する資料

- 語彙表現 ミス・ワールド　ミス・ユニバース　真・美・善　艶やか　水着
体がすらりとしている　審査　目がぱっちりとしている　グラマー
ヒップ・ウエスト・バスト　笑顔　落ち着いている
愛嬌がある　華麗　セクシーな雰囲気　白人　黒人　黄色人種
ブロンド　青い瞳　はつらつとしている　顔が整っている　二重まぶた

ミス・コンテスト

人間は美を求める。美しいものを見れば心が慰められる。またその美しさに強い衝撃を受ける人もいるだろう。美は自然の中に限りなく存在する。また芸術家の手によって作られた作品にも様々な美がある。共通していることは美の対象となるものと、それを鑑賞し味わう人がいて、美と感性がぴったり合ったとき、そこに感動が生まれるということだ。

さてここで話をテーマにもどすと、ともかく女性は自ら美しくなろうと実に多くの投資と努力をしており、またその評価を気にしている。1日24時間、オフィスでも、喫茶店でも、電車の中でも化粧をなおしているのを見かける。男性は男性で自分の見た目はさておいて、目に飛び込んでくる女性の姿にあれこれランクをつけたりしている。でもそれらは個人的な評価である。そこでもっと普遍的な評価を与えようというのがミス・コンテストなわけだが、プロの指導を受けて、多くの人々に感動を与える個性を磨き、美しくならなければならない。これは難しい評価である。あなたならどのように評価するであろうか。女性の美について考えてみよう。

Free Talking

1　あなたはミス・コンテストに関心がありますか。
2　ミス・コリアの条件は？（身長、年齢）
3　どこの出身がミス・コリアになる確率が高いと思いますか。その理由は？
4　あなたが審査員だとすると、どこに注目しますか。
　　（脚、プロポーション、美貌、性格、教養）
5　知性は関係がありますか。
6　今までのミス・コリアで誰がいちばん好きですか。
7　コンテストのどの場面がいちばん好きですか。
8　ミス・コリアとミス・ジャパン、どっちがきれい？
9　世界で女性がいちばん美しい国は？
10　女性の美しさはどこにあると思いますか。

6 推薦図書と悪書追放運動推進

ポイント 本を読むことはいいことだが、最近の出版ブームによって、ただ売れればいいといった快楽的な内容の本が店頭に並ぶようになった。おかげで本屋は子供の格好の遊び場と化した。子供の心は白紙の本のようなものだ。良書によっても、悪書によってもいくらでも影響を受けるものだ。それだけに親の立場としては、子供が本屋へ行くからといって手放しで喜べるものではなかろう。子供の教育からしても、数限りない書物の中から選んだ推薦図書設定と悪書追放運動を推進してほしいものだ。

時 間 50分

学習目標
1. 各自、感動した本・感銘を受けた本について話し合う。
2. 推薦図書と悪書の区別について話し合う。
3. 「活字ばなれ」の問題について話し合う。

準 備 小学校・中学校・高校・大学での推薦図書一覧表
感銘を受けた本、最近のベストセラーの新聞・雑誌の書評

語彙表現 文庫本　単行本　小説　詩集　随筆集　専門書　実用書　名作
マンガ本　エロ本　ビニ本　歴史小説　推理小説　立ち読み
本にかじりついて読む　ハードカバー　情景が目に浮かぶ　短編小説
哲学書　聖書　感化される　主人公　悲劇　速読　斜め読み　芸能記事
トルストイ　夏目漱石　川端康成　シェイクスピア

読書

　中学生の時に、国語の先生が「たくさん読みなさい」と、口をすっぱくして言ったものだ。はじめて240ページほどの単行本を読み切るのがどれだけ大変だったか、今でもはっきりと覚えている。だが読み切った時の感動も格別だった。その時、最後まで成し遂げるということが、いかに大きな意味を持っているのか、自ら悟ったのだった。おかげで私は読書が好きになった。読書の世界には、ストーリーの中の「主人公との出会い」があり、主人公を通して語りかける「作家との出会い」があった。懐かしい人、忘れられない人、人との出会いも偶然とはいえ、人生に大きな影響を与えるものである。小説を通しての出会いもまた然り。その作家を通して、私の人生が大きく変わった。
　「良書をたくさん読もう！」

Free Talking

1. あなたは一ケ月に何冊、本を読みますか。
2. 感動した小説ＢＥＳＴ３をあげて下さい。（その理由は？）
3. いちばん感動した小説のストーリーを話して下さい。
4. あなたの人生を大きく変えた小説は？
5. その作家はどんな人ですか。
6. その時あなたはどのように生きていきたいと思いましたか。
7. 最近の若者の活字離れ、また漫画を読む人の増加について、どう思いますか。
8. 最近の話題作は？
9. 電車の中で日本人はマンガ本、韓国人はスポーツ新聞を読みますが、どうして？また、これをどう思う？

7 「盗み」は人類全体の課題だ

ポイント アメリカに旅行する前に注意されたことがある。ポケットにお金を用意しておけというのだ。日本人は狙われやすいから、もし、お金をせびられたときにはさっさとお金をばらまいて、おまけに腕時計もあげろというのである。下手に抵抗したら命が危ないというのである。「盗み」は人類全体の課題だ。自分だけ良ければ相手が不幸になってもかまわないといった利己心がなせる業であろう。「罪を憎んで人を憎まず」といった思想もあるが、何よりも根本的な人格教育が大切だ。

時　間 50分

学習目標
1. 「盗み」の深層心理を分析する。
2. 泥棒が増える社会的要因について考える。
3. 誘拐事件の非人間性と「罪意識」について話し合う。

準　備 社会問題になった窃盗・誘拐事件の記事
年間窃盗件数と物件と被害総額の資料

語彙表現 出来心　魔が差す　良心の呵責　カギをこじあけられる　留守中
窓を割る　土足　足跡　現金　預金通帳　合鍵　スリにすられる
計画的犯行　大声を出す　とっくみあいの喧嘩　警察に連れていく
見逃してあげる　情状酌量の余地がある　身代金　無事保護される
人身売買　人質　逃亡　根性がひねくれている　釈放

泥棒と誘拐事件

「人を見たら泥棒と思え」ということわざがあるが、人間社会、そんなに疑ってばかりいたら、窮屈でたまらないだろう。だが、悲しいかな、実際には悪い人はいるものだ。今日は「泥棒と誘拐事件」をテーマにしたい。

人の物を盗むことは悪いことに決まっている。だから、人間社会においては「盗み」は姦淫、殺人と並んで、三大悪の一つになっている。人は誰しも「所有権」という権利を持っている。従って、この所有権を侵害する者は、罰せられて当然だと言える。といっても、人はお腹が本当にすいていたら、生きていくためにパンが欲しくなるものだ。肉体の苦痛に陥った時には「理性」というものはどうも働くものではなさそうだ。「盗人にも三分の理」ということわざがあるが、話を聞けば少しは同情できないものではなかろう。しかし、罪は罪に変わりないので、やはり裁判にかけるのが妥当だといえよう。ところで、泥棒のように「物やお金」を盗むだけならともかく、子供や女性など、社会的弱者を誘拐して、お金を要求するような非人道的誘拐事件は、言語道断であり、一片の同情の余地もない。誘拐事件は、日本では「大久保清事件」や「よしのぶちゃん事件」などが有名だ。

Free Talking

1. あなたは家に泥棒に入られたことがありますか。（何を盗まれましたか。）
2. プロの泥棒はどんな家を狙い、また、何を盗んでいきますか。
3. あなたが家に帰って来た時、泥棒がいたら、どうしますか。
4. あなたが何とかしてその泥棒を捕まえて、理由を聞いて同情できるものがあったら、その泥棒をどうしますか。
5. あなたは「泥棒」がかわいそうだと思いますか。
6. 韓国で、有名な誘拐事件は何ですか。
7. 韓国で多いと言われる子供の誘拐事件の原因は？（組織について）
8. 子供の誘拐事件の予防と対策は？
9. 泥棒や誘拐事件が多発するのは、社会にどんな問題があるからだと思いますか。

8 喧嘩はストレス解消になるか？

ポイント よく日本人と韓国人の喧嘩が比較される。日本ではよっぽどのことがないかぎり大声を張り上げたり、興奮したりしないのに比べ、韓国では話せばわかるようなささいなことに神経を擦り減らして、無駄とも言える消耗戦を展開しているようにみえる。日本人は内向的で声が小さいのだが、韓国人は外向的で声がとても大きい。島国と半島の違いだと言えばそうかも知れないが、普通、日本人は感情的に対立した場合、後々まで気分が悪いが、韓国人は喧嘩で日頃のストレスを解消しているみたいだ。

時　間 50分〜90分

学習目標
1. 「喧嘩」に対する各自の考えを発表する。
2. 日本と韓国の「喧嘩」の違いについて話し合う。
3. 個人の心の葛藤から喧嘩、民族対立、宗教対立、戦争、世界大戦を考える。

準　備 「喧嘩」の心理学書、「喧嘩」にまつわることわざ
国際紛争をテーマに扱った時事雑誌、中学・高校の世界史の教科書

語彙表現 自然界の法則　訴訟　裁判　陪審員制度　正当性を主張する　野次馬根性
犠牲者　正当防衛　顔を真っ赤にする　手を出さない　帝国主義
奇襲攻撃　宣戦布告する　1929年に世界恐慌　1937年に日中戦争
1939年にドイツがチェコ併合　となり合う　先手必勝　逃げるが勝ち
仲直り　けんか両成敗　絶交

けんか作法

けんかは利害の対立があって生じるものだが、できるなら話し合いで回避、円満解決したいものだ。日本には「けんか両成敗」といって、けんかをした場合には、両方を罰するという方法をよくとる。だがこれでは正しい方がかわいそうだ。ところでもっとすごいのがイスラム教の国だ。「目には目を、歯には歯を」。これではいつまでたっても戦争が絶えないはずだ。これに対して思想的にすぐれているのは、何といってもイエスの教えであろう。「右の頬を打たれたら左の頬をも向けなさい」。この考えはインドのガンジーの無抵抗主義にもみられるが、どんな悪人であったとしても、この思想の前には脱帽せざるを得ないであろう。だが理想と現実のギャップがあるのが、現実の世界だ。弱肉強食の社会システムの中では力のあるものが勝つ。従って必然的に争いが絶えない。人類闘争史とはよく言ったものだが、ここで改めて「けんか」について考えてみることにしよう。

Free Talking

1　弱肉強食についてどう思いますか。

2　あなたはよくけんかするほうですか。（大きな声を出した方が負けですか。）

3　韓国人のけんかの作法は？（どうして手を出さないのか？）

4　「博愛主義」をどう思いますか。

5　夫婦ゲンカはどちらが強いですか。（理由）

6　ケンカを見たことがありますか。それはどんなけんかでした？

9 お世辞はそれぐらいにして！

ポイント 人は誰だってお世辞を言われたら、うれしいに違いない。人の悪口を言うのは上手だが、人をほめるのはなかなか難しい。中国の昔話によると、天国で生活している人たちはなぜか長い箸を使って食事をするそうだ。それはおいしい料理を互いに相手の口まで運んであげて食べるためである。このようなサービス精神が天国に住む人たちの心の潤滑油になっているのだ。さて日本語会話の授業では料理は出ないけれども、せめて言葉でサービス精神を発揮して、お互いに褒めちぎって天国にいる気分に浸ろう！

時間 50分

学習目標 性格・表情の表現を覚える。

■ 天国で使う言葉
- 顔つき・表情・態度
  ① 明るい ② やさしい ③ 親切 ④ あたたかい ⑤ 端正
  ⑥ キリッとしている ⑦ ほっそり ⑧ 上品 ⑨ 堂々としている ⑩ かわいい
- 性格・外見
  ① 素直な人 ② 控え目 ③ ニコニコしている ④ 人がいい ⑤ 気前がいい
  ⑥ 聡明 ⑦ 勇ましい ⑧ おおらか ⑨ 無邪気 ⑩ 純真
- 人生観・社交性
  ① 付き合いがいい ② 楽観的 ③ 愛想がいい ④ 我慢強い ⑤ ロマンチック
  ⑥ 悠然としている ⑦ てきぱき ⑧ おとなしい ⑨ しとやか ⑩ 礼儀正しい

■ 地獄で使う言葉
- 顔つき・表情・態度
  ① 暗い ② 恐い ③ 不親切 ④ つめたい ⑤ だらしない
  ⑥ 間の抜けている ⑦ ブクブクしている ⑧ 下品 ⑨ こせこせとしている ⑩ 憎たらしい
- 性格・外見
  ① ひねくれている ② ずうずうしい ③ ぶすっとしている ④ 意地が悪い ⑤ けち
  ⑥ ばか ⑦ 臆病 ⑧ 神経質 ⑨ 打算的 ⑩ 嫉妬ぶかい
- 人生観・社交性
  ① 人付き合いが悪い ② 悲観的 ③ 無愛想 ④ あきっぽい ⑤ クール
  ⑥ 短気 ⑦ ぐずぐず ⑧ うるさい ⑨ ヒステリック ⑩ 生意気

魅力のある人

人間は大きく分けて12のタイプに分類できるという。地球には60億の人が生活しているが、もちろんそれぞれが、それぞれの思考を持ち、それぞれの人生を歩んでいる。だったら、もっといろいろなタイプがあってもいいじゃないかと思うのだが、血液型がA型、B型、AB型、O型の4種類しかないのと同じように、「性格」という目に見えない「心の形」も、やはり大きく分けて12の枠組みにぴったり収まってしまうのだそうだ。地球が太陽のまわりを365日でまわり、円の角度が360度、時計の針が12時間で1回転。この世がそのような数理性のある世の中だから、人間の性格が12タイプに分類されるというのも納得のいくところだ。光があれば影ができる。明るい人もいれば暗い人もいる。タイプもいろいろあるから、人間関係も変化があって楽しい。ともあれ、あなたにとって魅力のある人ってどんな人？

Free Talking

1. あなたは人からどう見られているか、気になるほうですか。（鏡を見て一番気になるところは？）
2. あなたの血液型は何型ですか。
3. 人と会う時、どんなところに気をつけますか。（服装、顔の表情、言葉づかい）
4. あなたはどんなタイプの人ですか。
5. あなたのチャーム・ポイントは？
6. あなたのタイプに合う人はどういう人？
7. 異性のどんなところに魅力を感じますか。
8. 同性のどんなところに魅力を感じますか。
9. どんなタイプの人が一番幸せだと思う？

10 日本人はサービス精神世界一

ポイント　日本人の親切さは世界的に定評がある。道を聞けば、必ず立ち止まってくれて親切に教えてくれる。中には、わざわざそこまで連れていってくれる人もいるほどだ。なぜそこまでしてくれるのかと言えば、一つには日本人には助け合いの精神があることと、もう一つには、日本人は相手の立場にたって物事を考える精神が生活化しているということが挙げられると思う。これは日本が世界に誇れる点だろう。だが、逆に相手のことを思いすぎて、はっきり断れないのが玉にきずだ。

時　間　50分

学習目標
1. 「親切」が人間関係を円満にする役割について考える。
2. 親切にされた経験、不親切にされた経験について話し合う。
3. 「夫婦の愛」と「家庭サービス」について話し合う。

準　備　親切にされたことへの感謝の投稿記事
夫婦関係と家庭サービス度を調査した雑誌記事

語彙表現　笑顔　見も知らぬ人　下心　道案内　人の良さそうな人　お互い様
よく道を聞かれる　困る　ちょっと詰めていただけませんか
出会い　むっとする　目的地　お礼　短気　いらいらする　家事を手伝う
世の中が物騒になってきた　下町の人情　利己心　虚栄心　けち
殺伐とした人間関係　隣近所　近所付き合い

小さな親切・大きなお世話

人は誰でも親切にされればうれしいものだ。人間の情とはおもしろいもので、いくらエゴイズムでかたまっていたとしても、精神誠意尽くされれば、自然に好意的に心を返したくなる。その意味では「愛」というものは心の成長に欠かせないものであるということに気づくであろう。勿論、傲慢になってはならないが……。

そういう意味で、愛はいっぱい受けたほうがいいだろう。例をあげれば、乳児は母親からの愛を100％受けている。母親が愛すれば愛する程、乳児の感受性は高まるであろう。これと同じく、いくら「孤独」だと思っていても、見も知らぬ人からの突然の「親切」に、人は自然と心を開くものだ。

Free Talking

1　あなたは親切にされたことが多いですか。

2　日本人はサービスがいいと思いますか。（それはどうしてだと思いますか。）

3　韓国の女性は日本の女性より気が強いと思いますが、それはなぜですか。

4　あなたは電車の中で席をゆずりますか。

5　都会には人情がなくなってきましたか。

6　人に親切にしたとき、どう感じますか。

7　ことわざ「情けは人のためならず」とは、どういう意味ですか。

8　あなたは親切にしたら見返りを期待しますか。それとも愛は与えて忘れますか。

11 男は泣くものではないのか？

ポイント 日本の母親は男の子を育てるのに「男は泣くもんじゃないわよ」と言う。また、父親は「男が涙を見せるのは親が死んだときだけだ」とよく言う。日本人は人の前で泣くことを潔しとしない民族らしい。恥ずかしいからとか、体面があるからと言った単純な理由からではなく、涙をこらえながらもっと深い心の世界で到達するものがあるからだと思う。それと対照的なのが「韓国人の涙」だ。喜怒哀楽の感情がそのまま涙として現われてくる。とても心情的な民族と言えよう。

時　間 50分

学習目標
1. どんな「涙」があるのか分析してみる。
2. 「男の涙」と「女の涙」の違いについて話し合ってみる。
3. 日韓の国民性の違いによる「涙」の質について話し合う。

準　備 あなたが見て読んで涙を流した映画や小説
日韓の文化や風俗の違いを対比したガイドブックやコラム

語彙表現 涙を流す　涙があふれる　涙がこぼれる　涙をこらえる　もらい泣き
うそ泣き　作り泣き　男泣き　メソメソする　シクシク泣く
ワンワン泣く　スッキリする　顔で笑って心で泣いて
心の中であっかんべーをする　メロドラマ　ジーンと来る
失敗をごまかす　気を引く　甘えん坊　慟哭する

涙

「上を向いて歩こう　涙がこぼれないように　思い出す春の日　一人ぼっちの夜」という坂本九の歌がある。彼は日本の国民的アイドル歌手であった。だが不幸なことに1985年の8月。飛行機墜落事故でこの世を去った。暑い夏の日であった。この事故は国民全体の涙を誘った。さて、今回のテーマは「涙」である。人間は感情を持った動物である。そして生活の中には、さまざまなドラマがあり、喜怒哀楽が織りなされていく。たぶん表情の豊かな人は心の幅も広いのだろう。

人はもちろん悲しい時に涙を流す。また、肉体的に苦痛を感じる時も涙を流す。つまり、精神的にも肉体的にも「痛み」を感じた時に涙を流すものなのだろう。だが、涙を流すのは悲しい時だけではない。オリンピックで優勝して涙を流さない人はいないだろう。心からうれしい時に人は涙を流す。これは「栄光の涙」である。そうでなくても教会などで祈禱している時にも泣く人が多い。これは、感動に満たされている証拠なのだ。あなたはいつ、どんな涙を流しますか？

Free Talking

1. あなたのお母さんは涙もろいですか。
2. 感動的な映画を見て、あなたはこっそり涙を流しますか。
3. 涙は心の清涼飲料水だと思いますか。
4. 赤ちゃんはどうしてよく泣くんでしょう？（赤ちゃんも嫉妬しますか。）
5. 「女の涙」、「男の涙」をどう思いますか。
6. 美女が一人でシクシク泣いていたら、どうしますか。
7. 韓国人の感情表現は激しいと思いますか。

12 酒は百薬の長か？ 悪魔の水か？

ポイント　酒にまつわる話は数限りない。それだけ私たちの生活と密着したものであるわけだ。普段無口だった人が、お酒を飲んで急にベラベラしゃべり出して周囲をあっと驚かせることもある。まさに「お酒の力」とは計り知れないものだ。ある時は精神安定剤のような役割もすれば、興奮剤のような役割をすることもある。お酒を適量飲んで楽しむぶんにはかまわないのだが、アルコール依存症になって身を滅ぼしたり、人に迷惑をかけるようでは困ったものだ。とにかく、暴飲暴食は考えものだ。

時　間　50分

学習目標
1. 「酒」にまつわるエピソードを話し合う。
2. 社会問題化する「アルコール依存症」問題について考える。
3. 「飲み屋街」と犯罪について考える。

準　備　「酒」にまつわることわざ集・エピソード集
「アルコール依存症」症状を解説した医学書

語彙表現　チビチビと飲む　一気飲み　会社の付き合い　二日酔い　居酒屋
バー　スナック　赤ちょうちん　水割り　熱かん　カクテル
酔いつぶれる　気を失う　酔っ払い　からまれる　顔が真っ赤になる
泣きじょうご　笑いじょうご　夜通し　言いがかりをつける
酔いが醒める　接待費で落とす　甘酒　高級クラブ　つまみ
アルハラ

アルコール依存症

「飲む誘惑と戦う毎日」・「酒」には強い、弱い、という個人差があるが、アルコール中毒というのは一種の麻薬のようなものだ。ひどい時にはアルコールが切れると体が震え出すという。

個人的な悩みで終わればよいが、中にはアルコール依存症になって家族を泣かせたり、職場の信用を失ったりといろいろなケースがある。ある主婦の証言によれば、「あれは長男が生まれ、保育園に通い出したころのこと。気の合う4,5人の主婦と、いつもマンションの一室に集まっては、おしゃべりしていたが、いつしかビールの栓を開けるのが習慣になっていた。グラスを傾けながらのおしゃべりは、初めこそ昼過ぎに終わっていたが、そのうち夕方にまで延び、ついにはそのまま居酒屋になだれ込むようになっていた。家事はなおざりになり、夫とは口論の日々。夫もみかねて、結婚4年目で、とうとう離婚に……」という悲惨な末路に。他にも傷害事件を起こした人や、子供が非行に走り、一家心中を考えたなどのケースもある。

Free Talking

1 あなたは、お酒が好きですか。（何をよく飲みますか。）
2 「酒」を飲み過ぎて、死にそうになったことがありますか。
3 酔っ払いにからまれたことがありますか。（その時どうしますか。）
4 酔っ払った姿は、子供にどんな影響を与えると思いますか。
5 上の3人のケースは、「酒」が原因だと思いますか、それとも、本人が原因だと思いますか。
6 ズバリ！「酒」の力とは何ですか。
7 アルコール依存症を治すためには家族のどんな手助けが必要ですか。
8 あなたはお酒に誘われたら、断れないタイプですか。
9 何故、未成年者は禁酒なのだろう？

13 父権失墜が家族に及ぼす影響

ポイント 男女平等が叫ばれて久しい。封建社会から民主社会への移行が女性の社会的地位をぐんと引き上げたのは事実だ。社会的に女性が強くなってきたからか、あるいは男性の家庭への無関心からか、原因はいろいろと挙げられるが、「父権失墜」現象は目につくほど進行してきている。寝るだけに帰ってくるような父親ならば父親の資格はないだろう。家長としてどかっと腰をおろし、妻には良き夫として、子供にはよき相談相手として、家族を守るべき責任と義務があることを、今一度自覚してほしい。

時　間 50分

学習目標
1. 伝統的な父親像と新世代の父親観を比較・検討する。
2. 「父権失墜」の原因について考える。
3. 「夫婦関係と家庭教育」について話し合ってみる。

準　備 夫に対しての不満を載せた女性雑誌の記事
「家庭」をテーマにした本、育児書

語彙表現 「地震・雷・火事・おやじ」　近寄りがたい　肩車　言うことを聞かない
夫婦げんかは犬も食わない　ガミガミ言う　叱りつける　だらしない
邪魔者扱い　家でゴロゴロする　愛が冷める　熟年離婚　内助の功
融通が利かない　親子断絶　親子の絆　後ろ姿　ゆっくり骨を休める
大黒柱　単身赴任

男の居場所

家庭の中で「父親の存在感」が本当に薄くなってきたという。現在の社会構造からすると、とにかく社会で一生懸命働かないことには、家族を養っていけないのだから、どうしても家にいる時間が少なくならざるをえない。「休日は家族と一緒に」というアメリカ的なアットホームさを求める声は高いが、実際には仕事に疲れて、休息をとりたくなるものだ。こうした事情をかかえて、父権失墜、家族断絶が進んでいる。家族のために働いている父親が家族から、つまはじきにされている。父親にとっては、何ともやりきれない気持ちだろう。「お父さん、頑張れ！」

Free Talking

1 あなたは、お父さんに対してどういうイメージを持っていますか。

2 韓国でも父権失墜現象が進んでいますか。

3 その原因はどこにあると思いますか。

4 あなたのお父さんは、あなたを自由にさせてくれますか。

5 父親が料理をつくるのはおかしくありませんか。

6 アメリカの父親と韓国の父親の違いは？

7 父親が出世するための母親の役割とは？

8 父親不在が家庭に及ぼす影響は？

9 週休何日ぐらい必要ですか。（年に何日）

10 最近家族みんなでどこかへ行きましたか。

14 もしもう一度生まれ変われたら

- ポイント 「人間であることが第一なのか？」「男女の性の区別が第一なのか？」バカらしい設問かもしれないが、このために人類はとても長い期間に渡って頭を痛めてきた。当然のことながら人間であることが第一で、その属性として男女の性の区別がある。ではなぜ女性はこれまで虐げられてきたのだろうか？男性であることに満足している男性は多いが、女性であることに満足している女性は少ないだろう。思考方式を変えて「男は一人の女のために、女は一人の男のために生まれた」と考えてはいかがか！

- 時　間 50分

- 学習目標
  1. 男女の情の構造・思考方式・社会的役割の違いを分析する。
  2. 男性として生まれた、女性として生まれた満足度・不満足度を調査する。
  3. 生まれ変われたらどんな人生を送りたいか話し合う。

- 準　備 女性雑誌の男性への不満足を記したエピソードの記事
  先進国で問題になってきている「セクハラ」のトピック記事

- 語彙表現 待遇が違う　男尊女卑　お茶汲み　責任感　力仕事　考えが狭い
  現実的　のろい　前が見えない　不満がたまる　仕事をてきぱきとする
  はりきる　いい加減だ　職場の花　ミスをごまかす　頭の回転が速い
  雰囲気がいい　渉外力　下ネタ話　言い寄る　秘書室　いやらしい
  下品だ　スケベ　エッチ　みっともない　倫理観

男女差別

　たった一度の人生だから、幸せな人生を送りたい。人はそれぞれの生活環境、家庭環境の中で育ち、小学校、中学校、高校、大学へと進む。もちろん受験戦争の壁はあるものの、エスカレーター式にのぼりつめていく。学生時代は理想は高くて現実が見えないことが、よくあるものだ。社会に出て初めて、「生活を営む」ということを知り、結婚を考えるのであろう。それまでは男女という概念よりも、同じ人間という概念で育ってきたはずだ。だが、家庭を営む場合には、人間という点では同じに違いないが、男女としての役割分担は大きく違ってくる。男と女ということを改めて考えてみることにしよう。あなたは再び生まれ変わるとしたら、男と女のどちらに生まれ変わりたいか？

Free Talking

1　男女の差別を感じるか？（どんな時？）

2　男と女の仕事はどちらが大変だと思うか？

3　なぜ、あなたは男（女）に生まれたと思いますか。（どんな使命がありますか。）

4　再び生まれ変われるとしたら男（女）に生まれかわりたいですか。（その理由）

5　異性のすばらしいと思うところは？

6　どんな男性、女性が幸せに見えますか。

7　セクハラの事例について紹介してください。

8　儒教精神は優れた思想だと思いますか。

15 会社の中での男女の壁を考える

ポイント　「会社」というのは利益を追求した営利団体なのであるから、会社での人間関係は契約関係によって結びつけられた過渡的なものと言えるかもしれない。どんなに親しくしたとしても、学生時代の友達のような深い付き合いは、なかなか続かない気がする。上下関係と昇進競争でいささかお疲れの方も、さぞかしいらっしゃることだろう。そんな男性の心を慰労してくれて、ぎくしゃくした人間関係を和らげてくれるのが女子社員だ。女性に求められている事が、女性が求めている事と違いすぎるような気がする。

時　間　50分

学習目標
1. 会社の中での男女の役割分担について考える。
2. 女性の社会進出を妨げている要因について話し合う。
3. 「終身雇用と独立」について話し合ってみる。

準　備　会社の雇用条件に対する不満の新聞記事
終身雇用の際の退職金の金額と保証
社会進出に成功している女性の雑誌記事

語彙表現　秘書　ワープロ　オペレーター　技術を身に付ける　外国語
保険の外交　接待係　カウンセラー　ストレスがたまる
ヒステリックな女性　一目を置く　ふてくされる　なおざりにする
引き継ぎ　いやみを言われる　一身上の都合　引き止める
さん付け運動　家庭的な会社　ノルマに追われる

女性の社会進出

女性の社会進出が目覚ましくなってきた現代だが、といっても、はなばなしい活躍を遂げている女性は、ごく一部に過ぎず、大多数の女性は自分の能力を十分に生かせずに、社会の底辺に埋もれてしまっているといってもいいであろう。それは「社会」というものが、男性中心に動いているからである。この男性中心の社会の中で、女性が男性と対等に働こうとしても、それはあまりにもハンディキャップが多すぎるといってもいい。「女性は会社に勤めても、すぐ結婚して辞めてしまうので、責任のある仕事を任せられない」というのが男性の本音かもしれない。

Free Talking

1. 女性はどんな分野で社会に進出していますか。
2. 男性中心の社会構造に対してどう思いますか。（どんな問題点を感じますか。）
3. あなたが男性だったら、女性のもとで働くのは嫌いですか。（理由）
4. あなたが女性だったら、男性と同列で扱われるのは嫌いですか。（理由）
5. あなたは上司から叱られたら、どういう態度をとりますか。
6. 女性には一般的に、責任のある仕事は任せられないと思いますか。（理由）
7. 会社を辞めるのはいろいろと大変ですか。（転職に対してどう思いますか。）
8. 会社で一生懸命働いて、結局、残るものは何だと思いますか。
9. あなたは会社の外に「人間関係」を求めますか。また、それはどう見つけますか。
10. あなたにとって、会社とは（仕事とは）一体何ですか。

16 空想の域を超えた超過激表現

ポイント マンガやアニメーションは本来、空想の世界を広げるために開拓されたものだと言えよう。誰もが子供の時、宇宙の神秘さに目を見張ったように、アニメも子供たちに夢を与えるようなものであってほしい。だが、そのような願いとは裏腹に大人たちの無責任な商業主義の産物として、マンガやアニメによる超過激な暴力やセックスのシーンが簡単に子供たちの目に触れるようになり、深刻な社会問題となっている。健全な社会は、子供たちの健全な教育によってつくられることを忘れてはならない。

時　間 50分

学習目標
1. 子供の時よく見たマンガやアニメについて話し合う。
2. 最近のマンガの過激な描写に対しての各自の意見を述べる。
3. 「小学生からの性教育」に対しての賛成・反対意見を述べ合う。

準　備 描写が少し過激だと思われるマンガ本
イギリスなど一部の先進国で実施されている性教育の実態とその教育効果

語彙表現 勧善懲悪　ロボット　少女マンガ　立ち読み　ちびまる子ちゃん
マジンガーZ　ロマンス　ファンタジー　キャンディ・キャンディ
フランダースの犬　トリトン　活字離れ　主人公　愛と死をテーマにする
普遍性　目の毒　心に傷を負う　ひまつぶし　早熟　感覚的　現実離れ

マンガ氾濫

日本はマンガ大国だ。出版物の中でいちばん読まれているのは「マンガ本」で、3割を占めるというのは全く驚異的だ。確かに勉強に疲れた時、気分転換にマンガ本を眺めるのは勉強の効率を上げるのにいいかも知れない。また、ストレスが多いだけで夢のない日常生活から逃避して、束の間の空想の世界に浸る手段としても恰好のものかも知れない。マンガの世界はまさにファンタジーだ。だが、困ったことに、それがユートピア的なファンタジーへと向かうのならばいいのだが、それと反対に、現実では有りえないこと、タブー視されていること、あるいはあってはならないことへの好奇心をそそる手段として使われてしまっていることだ。すなわち、テーマがスリラー（恐怖）・セックス（性）・暴力・殺人などを描写したものが余りにも多いのだ。言うまでもなく、マンガは子供が好きなものであり、成長期にこのようなものにばかり触れていたのでは、子供の性格も歪んだものにならざるをえないし、考え方・ものの見つめ方も残酷で現実離れしたものとなり、あるいは幼稚でマンガチックなものになるのではないかと危惧される。マンガ大国日本、これからどうなるのだろうか。

Free Talking

1 あなたはマンガが好きですか。（マンガの本をよく読みましたか。）
2 テレビでどんなアニメを見ましたか。
3 マンガのプラス面とマイナス面は何だと思いますか。
4 最近の若者の活字離れについてどう思いますか。
5 アメリカのディズニーのアニメと日本のアニメの違いは何だと思いますか。
6 日本のマンガの世界進出成功の原因は？
7 あなたは自分の子供がマンガの本を読んでいたら、取り上げますか。
8 日本ではサラリーマンが電車の中でマンガの本を読んでいますが、それについてどう思いますか。

17 家族意識の薄れと個人主義問題

ポイント　「老人問題」は避けては通れない難題だ。出生率の低下と核家族化の進行によって家族意識が昔と比べて弱くなり、老人を敬うというより「邪魔者扱い」する傾向が強くなってきた。三世代家族が子供の情緒的教育の上で、とても大切だということは頭の上では分かっているが、ついつい自分の子供の教育に横から口を出されると頭にきてしまう。「おばあちゃんは甘やかすから困るわ」という言葉をよく聞くが、「愛し方を知らない母親」こそ問題ではないかと思う。とにかく家族意識は大切だ。

時　間　50分

学習目標
1. 三世代家庭が崩れ、核家族が進む原因について話し合う。
2. 三世代家庭がいいか、核家族がいいか話し合う。
3. 「儒教精神・敬老の精神」と「個人主義・利己主義」を対比して考える。

準　備　老人問題に関する資料・新聞記事
「嫁姑」について書かれた女性雑誌記事、養老院の現状を取り上げた記事

語彙表現　おじいちゃん子　おばあちゃん子　共働き　カギっ子　小言が多い　頑固だ　心にグサッと来る言葉　口をきかない　親の所有物　封建的　姥捨て山　下の世話をする　放浪癖　遺産　社会に寄付する　家族団らん　お茶の間　世代の差　家訓　本家　分家　親孝行　親不孝　孝行息子(娘)

三世代家族

最近は、お嫁さんが強くなってきているという。昔は当然のことながら姑が嫁をいじめて、お嫁さんは家政婦のような存在だった。しかし時代は変わったものだ。男女平等の意識高揚と核家族化の進行によって、今では長男であったとしても、両親と一緒に住まずに、別々に家を構えたりする。それが家族の中で起こる複雑な問題（嫁と姑の熾烈な衝突）を避ける最善の方策として考えられている。姑もその方が楽だと思うし、嫁は勿論のことだ。だが、よく考えてみれば、これは利己主義と個人主義の産物とは言えないだろうか？ 今や、「親を敬い、家訓を子孫に伝える」といった東洋における儒教精神は、果たして古い考えなのだろうか？ 今回は、「理想的な家庭像」について考えてみることにしよう。

Free Talking

1 あなたはおじいさん、おばあさんに育てられたことがありますか。

2 お年寄りというと、真っ先にどんなイメージが思い浮かびますか。

3 長男は両親と一緒に住むべきだと思いますか。

4 姑から言われて、いちばん傷つく言葉は？

5 「親のエゴ」とはどんなものだと思いますか。

6 親の面倒は誰がみるべきだと思いますか。（養老院についてどう思いますか。）

7 儒教精神は古い考えだと思いますか。（理由は？）

8 お金持ちの財産相続についてどう思いますか。

9 三世代家庭の意義とは何だと思いますか。

18 魅力あるあなたへの自己改造

ポイント 癖がありすぎる人というのは、人間関係で損をしやすい。自分ではそのしぐさが格好いいつもりでも、それを見ている相手にとっては気に障るものである場合もある。女性が化粧するのも自分をよく見せるためだとしたら、それ以上の努力を顔の表情や行動、言葉づかいにも費やさなければならないだろう。「美」というものがその個性や「価値観」の持ち方によって変わるといった相対的判断も一つの正論かもしれないが、人の魅力というのは一つの共通点があるような気がする。魅力を磨こう！

時　間 50分

学習目標
1. 「癖」で苦労したこと、損したことなどを話す。
2. 「美」とは何かについて考える。
 （相対的美と絶対的美の価値観を比較する）
3. 魅力のある人と魅力のない人との違いを分析し、「魅力」について考える。

準　備 ミス・コンテストのパンフレット、ファッション雑誌
最近の流行に関する資料、「魅力学」の本、人気のあるタレントの写真

語彙表現 指をしゃぶる　貧乏ゆすり　おねしょ　盗み癖　あまのじゃく　矯正
つむじ曲がり　みけんにしわを寄せる　小指をかむ　指をポキポキ鳴らす
格好つける　舌を出す　口を開けてムシャムシャ食べる　寝タバコ
洗練される　礼儀正しい　表情の研究　仕事を家に持ち込まない
びしびし鍛える　傷つくことを言う　無神経　うなずく

なくて七癖

自分では気づかないようではあるが、人それぞれ必ず「癖」というものがある。男性であるならば指をポキポキ鳴らしたり、女性であるならば口に指をくわえたりする身体的な癖がある。これは本人が気づかないで無意識にしている場合が多いから、仕事で人と接する機会が多く印象が大事という人は、毎日、鏡（全身が見えるもの）を見て、じっくり研究すべきであろう。あとは言葉遣いである。言葉遣いは教育水準に比例するものでもある。下手な言葉が
口をついて出てしまったら、せっかくの商談もまとまらなくなる場合がある。その意味では外国語の会話というのは、習慣が違うために本当に難しいものだ。日本には、「口は禍のもと」「言葉が人を殺す」といったことわざがあるが、言葉には細心の注意を払わなければならない。新入社員であればある程、このたぐいの失敗は多いのではないかと思う。「癖」とは読んで字のごとく、病気の一つである。だから第三者の立場から客観的に自分を見て、可能な限りなおす必要があるであろう。それが社会生活におけるエチケットであり、他の人へのサービスだと言える。

Free Talking

1. あなたは子供の時、どんな癖がありましたか。
2. 癖をなおすためにどんな努力をしましたか。
3. 他の人を見て、格好いい（かわいい）と思う癖やしぐさは？
4. やめてほしいと思う癖は？
5. ハイセンスなビジネスマン（オフィスレディ）はどこが違う？
6. 言葉で失敗したことがありますか。
   あなたはつい強く言いすぎてしまうほうですか。
7. 完璧な人格、センスを磨くためにどんな努力をしていますか。
8. クラスメートにはどんな癖がありますか。

19 愛、その永遠と破滅

- **ポイント**　シェイクスピアの「ロミオとジュリエット」のように熱愛体験をするのも、一度しかない人生にとっては重要なことだ。だが、最近の若者の倫理観は目茶苦茶だ。フリーセックスやホモの出現が若者の倫理意識を麻痺させ、末期的症状とも言える世紀末病「エイズ」を生むに至った。エイズとは体の免疫力が壊されてしまう病気で、感染してから発病するまで2～5年以上と言われ、重症になるとカリニ肺炎、カポジ肉腫が現われ、死に至る不治の病だ。1992年12月現在で、エイズ患者は世界で61万人がWHOに報告され、HIV患者は約1,200万人と推定されている。

- **時　間**　50分

- **学習目標**
  1. 最近の若者の倫理観について話し合う。
  2. 「愛」と「性」の関係について考えてみる。
  3. 永遠の愛について考える。

- **準　備**　三角関係について書かれた女性雑誌の記事
エイズに関する記事、「愛と性」をテーマにした専門書

- **語彙表現**　燃えるような恋　はかない恋　愛と憎しみは紙一重　嫌気がさす
滅滅を感じる　女心と秋の空　売春行為　感染　貞操を守る　輸血
性的接触　同性愛者　麻薬中毒　潜伏期間　自暴自棄になる
性道徳の乱れ

男女の愛の本質とは何か？

人間であるならば、

誰しも一度は恋をしたことがあるであろう。その意味では誰もがロミオになれるし、誰もがジュリエットになれる。「恋は盲目」という言葉があるが、それほどまでに計り知れない力（エネルギー）で互いが引きつけられる。人類も男女の愛の力によって家庭が作られ、愛の絆で結ばれ、民族、国家、そして世界も愛によってこそ結ばれる。それだけに愛は神聖なものである。

ところで家庭や民族、国家的な次元で言う愛、これは個人的なものではなく、公的なものであり、誰もが善悪の区別をつけやすい。そして人類が発展してきたように永遠につながるものだ。しかし男女の愛というのは難しい。歴史上の英雄も愛の過ちによって滅びていった。フリーセックスやホモなど、「性の解放」に対しては、エイズという審判が下された。先頃、ストーカーによる殺人事件なども起きているが、これなどは個人主義がもたらしたアブノーマルな精神状態の最たるものと言えよう。日本の有名な作家、有島武郎は、人生に失望し「惜しみなく愛は奪う」という言葉を残して、ある女性と心中した。破滅へと向かう愛ではなく永遠につながる愛とは何であろうか。わたしは敢えて言おう！「愛は与えて忘れなさい」。

Free Talking

1. あなたの初恋はいつでしたか。（その人はどんな人でしたか。）
2. 片思いをしている時、その気持ちをどう伝えようとしますか。
3. 初恋の相手が結婚の相手となるのは（好きな人を独占したいですか。）
4. 三角関係の時、愛を選びますか、それとも友情を選びますか。
5. あなたの「愛」の表現方法は？
6. 性格が合わないというだけで離婚しますか。
7. どのような愛の関係が破滅に向かうと思いますか。
8. どのような愛の関係が永遠に続くと思いますか。

20 新婚生活は春の雰囲気が漂う

- ポイント　何と言っても「新婚時代」ほど楽しい時期はないだろう。自然界でたとえるならば長く厳しい冬が過ぎて、春の暖かい日差しが差し始めた頃に似ている。そして、新婚夫婦とは、うららかな春風にかすかに揺れて咲き乱れる「七色の花」に、蜜蜂が羽音やさしく飛びかうようなものだ。しかし、この「新婚時代」は一般的に3年ぐらいだ。男性は結婚するまでは必死に女性を追いかけるものだが、結婚してからはあまり女性を顧みなくなるといわれる。女性はその反対だ。その交差点が「新婚時代」なのだろうか。

- 時　間　50分〜90分

- 学習目標
  1. 恋愛期間の男女関係について話し合う。
  2. 「新婚時代」の夫婦の役割について考えてみる。
  3. 「共働き」の賛否について話し合う。

- 準　備　若者の結婚への意識を分析した雑誌記事
  「共働き」を扱った新聞記事、育児書

- 語彙表現　相手の中に自分の理想を求める　ひかれる　熱病　失恋　本命
  二またをかける　後悔する　利己的になる　性格が偏る　ひねくれる
  愛の印　すっぽかす　待ちぼうけを食う　ふてくされる　カンカンに怒る
  言い訳　お金をかせぐ　手伝う　あやまる　食器洗い　ゴミ捨て
  献立を立てる　おつかいに行く　専業主婦　出世

幸せな結婚へのプロローグ

●やっぱり私たち、結婚したい

ファッション、旅行、食事と華やかな生活を送っているように見える独身女性。独り身でいることを思いっきり楽しんでいるかのような彼女たち、本当のところはどう感じているのでしょう？

「独身でいることに心理的な不安を感じていますか？」
「はい」　　　　　75.8％

●時間どおりに来るか来ないか初デート

相手が待ち合わせの時間に遅れた場合、あなたならどれくらい待てますか？

女性　30分　　　　50.4％
　　　1時間　　　　33.2％
男性　1時間　　　　51.9％
　　　30分　　　　30.1％

●プロポーズ、私から言ってもいいですか？

どんな場合でもプロポーズは男性からすべきものだと思いますか？
「どちらでもいい」53.2％
「YES」　　　　　41.7％
「NO」　　　　　　5.1％

Free Talking

1　恋や結婚に対してどう思いますか。
2　独身生活のいい点と悪い点は何ですか。
3　あなたは恋人をどれくらい待てますか。（理由）
4　恋人が遅刻したら、どんな態度をとりますか。
5　どんな場合でもプロポーズは男性からすべきですか。
6　あなたは結婚後、家事をどう分担しますか。
7　夫婦共働きを願いますか、それとも妻は家事に従事することを願いますか。

21 非科学的と言われる心霊世界

ポイント　「科学的か？」「非科学的か？」という問題は何を基準にして判断するものなのか。最近、「心霊世界」へ好奇心を寄せる若者が増えてきているそうだ。これは物質文明のおかげで豊かな生活を送っているのだが、その反動として、かえって「心の枯渇」を覚えるためかもしれない。宗教を信じる人は当然のことながら「死後の世界」を信じるが、無神論の人は、自分の目で実際見なければ信じない。信じるか信じないかは個々人の自由であるが、答えは二つに一つであることは事実だ。

時　間　50分～90分

学習目標
1. 非科学現象に関する自己の体験について話し合う。
2. 人間の可能性について考える。
3. 「世紀末」とは何かについて話し合う。

準　備　「心霊世界」について書かれた本、有名な予言書
「脳」の働きについて書かれた本、迷信・伝説を集めた本

語彙表現　偶然の一致　先祖の因縁　以心伝心　胸騒ぎ　たたり　虫の知らせ
間一髪　予知能力　オカルト　透視　何かいやな予感　幸運の星の下
霊現象　天国　地獄　悪霊の復活　金縛り　地縛霊　成仏　終末
世の終わり　極楽浄土　厄年　お守り　お札　地鎮祭

非科学現象

子供の頃は「自然」に対する好奇心が旺盛だ。そもそも「科学」の発展というものは自然への好奇心と分析から始まったものなのだから、たとえ超自然的なものだと思えても、現象として現われるのならば、それはすなわち自然現象の一つなのであるから「科学的なもの」だということができるのではないか……。今回は子供心に戻って、「非科学現象」について考えてみたい。

■ 事件
- 91年4月2日深夜、宮城県で家屋が全焼し、中学生と小学生が焼死したが、その約6時間後、火事を知らないはずの父親が山梨県でトラック運転中、交通事故を起こし死亡した。
- 91年6月3日に起きた雲仙・普賢岳の火砕流で死亡した記者の結婚指輪が10月、現場で発見され、同月10日に妻に渡されたが、その日は結婚記念日だった。

Free Talking

1. 上の事件の出来事は偶然だと思いますか。それとも？
2. 危ない目に遭って、偶然助かったという体験がありますか。
3. 「第六感」というものはあると思いますか。
4. もし、あなたにテレパシーの能力があれば、何が知りたいですか。
5. 人間は産まれる時間によって、ある程度、運命が決まると思いますか？
6. 映画「エクソシスト」や「ゴースト」を見た感想は？
7. あなたは現代が「世紀末」だと思いますか。（根拠は？）
8. 韓国でも日本のように「厄払い」の風習がありますか。
9. 韓国にはどんな迷信がありますか。

22 運命を決めるのはあなた自身だ

● ポイント
「私」という存在が生まれてきたのは偶然か必然かと聞かれたとき、あなただったら何と答えるだろうか？たぶん自分の人生に自信がない人は「偶然」だと答え、自信のある人は「必然」だと答えるにちがいない。「運命」という意味は、人知では計り知れない吉凶の力の流れだ。男女の区別や自分の両親、先祖は自分がどんなに努力しても変えられない宿命だが、「運命」は自分の努力によって変えられるのではなかろうか。

● 時　間
50分～90分

● 学習目標
1. 「人生と運命」の関係について考える。
2. 人生や世界の流れに作用する目に見えない力の存在について考える。
3. 今の時代に生まれて、何に目的を持って生きるべきか話し合う。

● 準　備
「運命学」の専門書、易学書、最近の若者の「運命」に対する意識に関連した雑誌記事

● 語彙表現
身に降りかかる　四柱推命　星占い　手相　姓名判断　おみくじ
大吉　予定論　家相　風水　ついていない　気になる　厄年
当たるも八卦当たらぬも八卦　バイオリズム　不幸が重なる
厄除け　事故　災難　再出発する　生まれ変わる

運命

きみは アーノルド・シュワルツェネッガー主演の『ターミネーター2』を見たことがあるか。B級映画だ何だとか批判する人は多いが、核爆発で滅亡するという人類を救うために、敢然と立ちあがる母親の姿には誰もが感動するはずだ。「運命は変えることができる」とナイフで机に刻みこむシーンは、改めて「運命」とは何かということを私たちに考えさせてくれるものである。それにしても耳の聞こえなくなったベートーベンは、どのような心境で、あの『運命』を作曲したのだろうか。あの曲は生きることへの力強さを私たちに教えてくれる。順境の時はいい。問題は逆境の時だ。さて、あなたは力強く生きていくのか、それとも運命という法則のまま、時の流れに身をまかせて生きていくのか？それはあなた自身の意志にかかっている！

Free Talking

1. あなたは運命を信じますか。（理由）
2. 運命の転換期はいつ来ると思いますか。
3. あなたの今までの人生を振り返ってみて運命的なことを感じますか。
4. 成功は自分の能力、失敗や災難は先祖が原因だと思いますか。
5. 成功の三つのキーポイントとは何だと思いますか。
6. これからのあなたの人生設計は？ そのために克服すべき課題は？
7. あなたの人生はあなたの子孫にどんな影響を与えるでしょうか。
8. 韓国の未来のために、あなたが今しなければならないことは何だと思いますか。

23 未婚の母と家庭の崩壊を考える

ポイント 何故、世界の中心的存在であるアメリカで「未婚の母」が増え、離婚率も50％を超え「家庭の崩壊」が進むのか？神の下に平等で、「姦淫」は罪だというキリスト教の国で何故、人種差別があり、ホモやレズが増えて「エイズ」という不治の病が加速度的に広がっていくのか？自分の父・母が誰なのかも知らない子供がたくさんいる。60年代から始まったウーマンリブ（女性解放）の結果がこれなのか？家庭において女性の占める存在はそれほどまでに大きい。女性の役割について考えたい。

時　間 50分〜90分

学習目標
1. 「未婚の母」の増加の原因について考える。
2. 伝統的・保守的女性と、開放的・進歩的女性との考えの違いを分析する。
3. これからの社会で女性が果たしていかなくてはならない責任について考える。

準　備 アメリカの家庭問題を取り扱った雑誌記事
最近の女性の家庭観を分析した女性雑誌の記事

語彙表現 女性の身勝手　男性の無責任　生活保護　孤児　私生児　捨て子
身寄りの無い子　親の愛　婚姻届　法的手続き　同棲　神の下にみな平等
家庭の秩序　先祖を祀る　因縁　先祖の罪　償う　自己破壊　無秩序状態
育児疲れ　情の啓発　かわいい子には旅をさせろ　教育ママ　合理的

未婚の母

結婚の必要性を感じなくなってきた現代女性たち

アメリカ社会の伝統的家庭観に一大変化が起こっていることを証明する衝撃的な報告書が、アメリカ人口調査局によって公表された。それによると、1982年からの10年間で「未婚の母」の比率が60％以上も急増し、現在の未婚女性の4人に1人が「未婚の母」だということになり、韓国でいわば「欠損家庭」と呼ばれる家庭構造が、アメリカではもうこれ以上どうにもならない状況にまで達してきていることを示している。特にこの報告書は「未婚の母の大部分が教育水準の低い低所得層の少数民族の女性だ」という今までの固定観念を覆す内容を含んでいる点で更に衝撃的だ。

同報告書によると、この10年間で大学教育を受けた白人女性が「未婚の母」の全体の比率の5.5％から11.3％へと2倍以上に増え、また高校卒業以上の学歴を持つ女性の比率も17.2％から32.5％へと2倍近くに増えている。正常な結婚生活をしないで子供を産む黒人女性の比率は82年には47％だったが、92年には67％と増え、3人中2人が婚外出産している計算になる。このような独身父母の急増は、日本を除く西側先進諸国で共通に増加している現象だ。ある専門家によると、この原因は経済的に男女間の所得の差が急激に減ってきたことにより、女性たちがあえて結婚する必要性を感じなくなってきていることにあるのだそうだ。

Free Talking

1. この文章を読んで感じたことについて話して下さい。
2. 「未婚の母」についてどう考えますか。（その主要原因は？）
3. もしあなたが結婚したら、どんな理由で離婚したくなると思いますか。
4. 男女の愛は必ずしも「結婚」にとらわれるものじゃないと思いますか。
5. 西欧社会でどうして「家庭の崩壊」が進むと思いますか。
6. 「女性解放」というのは、どういうことだと思いますか。
7. 女性の社会進出は、むしろ家庭を崩壊させると思いますか。
（子供が健全に育つ家庭環境とは？）
8. 子供は何才まで親と一緒に住んだらいいと思いますか。（子供の自立について）

24 バイオの発達で代理母が登場

● ポイント　代理母とは出産を請け負う女性のことだ。卵子はできるが、子宮摘出など生理的な理由で子供を産むのが困難な女性から依頼を受けて、受精卵を自分の子宮に移植して赤ちゃんを産み、両親に引き渡して謝礼をもらう。もちろん、代理母はその赤ちゃんについては何の権利も主張しないという契約が、ちゃんと本当の親との間でとりかわされ、トラブルは起こらないようになっている。しかし、いくら代理母といえどもみごもっている間にはだんだん愛情がわいてくるのは当然といえよう。

● 時　間　50分～90分

● 学習目標
1. 「人工受精」についてそれぞれの意見を出し合う。
2. 代理母でややこしくなる親子関係について話し合う。
3. 「産みの親」か「育ての親」かについて話し合う。

● 準　備　「人工受精」・「代理母」について特集した雑誌記事
親子関係について言及したカウンセラーの記事

● 語彙表現　乳母　遺伝子　親権　養子縁組　養育権　妊娠　体外受精　母性本能
血のつながり　所有権争い　胎教　切っても切れない
「親はなくても子は育つ」　家庭崩壊　見返りを期待しない愛
判断がつかない　人格尊重　人助け　金目当て　仕方がない　無責任
和気あいあい　笑いが絶えない　慈愛

「産みの親」か？「育ての親」か？

「産みの情」と「育ての情」の間で起きた2年数ケ月にわたる法廷闘争のおかげで、すでにハリウッドのトップスターぐらい有名な存在になった子供の名前は「ジェシカ・テボー」。ジェシカはこの日から連邦最高裁判所の判決に従ってミシガン州のテボー夫婦のもとを離れ、自分を産んでくれたアイオワ州のシュミット夫婦と一緒に住むようになった。この悲劇が生じたのは91年2月8日まで遡る。当時28才で未婚の母だったカラ・シュミットはジェシカの養育権を放棄してしまった。しかしすぐに気が変わったカラは父親のトラック運転手と正式に結婚し、ジェシカを取り戻すための法廷騒動を始めた。裁判は長期化し、マスコミも「育ての情」を推す側と「産みの情」を擁護する側に分かれて、激烈な論戦を繰り広げた。この裁判は一つには、最近、米国で話題になってきている「養父母」と「代理母」とにかかわる法廷闘争に関連して、一つの先例になる点でも社会的に大きな関心を集めた。一方、ワシントンポスト紙はこれと同じ日に、ジェシカの写真のすぐ横に、病院のミスで違う父母に育てられた今年14才になるキンベリー・メイズ嬢が、法廷で自分を産んでくれた父母との関係を絶縁したいと言っている記事を載せ対比した。ジェシカやメイズ嬢に関連する裁判は、変質して行く米国家庭の一面をあらわしているといえよう。

Free Talking

1. ジェシカの母の心の変化をどう分析しますか。
2. ジェシカはどちらの親のもとで育てられたほうが幸せだと思いますか。
3. 「産みの情」と「育ての情」とどちらが強いと思いますか。
4. 「血は水より濃い」といいますが、「血のつながり」は強いものだと思いますか。
5. あなたがメイズ嬢だったら、どっちの親を選びますか。
6. 「父母の愛」とは何だと思いますか？「親孝行」とは何だと思いますか。
7. 子供が20才になるまで父母は親権を行使できますが、あなたは親権をどのように思いますか。
8. 「代理母」に対して、あなたの考えを述べてください。
9. 「養父母」（子供をもらう父母）の心の世界についてどう思いますか。
10. 「愛のある家庭と人格形成」というテーマで討論してみましょう！

25 幸せに生きるための条件とは？

ポイント　科学の発達が人類に生活の便利さをもたらした。生きるために毎日必死にならざるをえなかった昔と比べて、今は「時間の制約」から解放され、平均寿命もグーンと延びた。生きること自体が生きる目的だった長い人類の歴史に一大変化が起きたといえよう。だが、それにもかかわらず家族の絆が弱くなり、心が枯渇するのは何故なのだろうか。お釈迦様もイエス・キリストも「愛・生命・お金」の問題に触れて、いろいろな話をしている。そこに我々凡人の陥りやすい誘惑のわながある。生きる意義を考えよう。

時　間　50分～90分

学習目標
1. 人生に必要な「愛・生命・お金」の関係について考える.
2. 物質的価値観と精神的価値観の違いについて考える。
3. 「どんな人生を送りたいか？」について話し合う。

準　備　結婚経費を調査した雑誌記事
聖書・仏典の有名な話・教訓、政治家たちの収賄・不正事件の記事

語彙表現　お金持ち　資産家　ゆとりのある生活　夢みたいな話　厳しい現実
お金の有り難さ　嫉妬　援助　お金に困らない　お金に執着する
欲張り　月給取り　商売を始める　財欲　あくどい方法　経済力が物を言う
価値観　レトロ感覚　愛情　情は情で育つ　愛の完成　指導者
雄大な思想　貧富の差　差別　体制批判　努力

愛・生命・お金

「生きるってどういうことなのだろうか？」。何バカなことをと笑われてしまいそうな質問だが、考えれば考えるほど、その答えはわからなくなる。誰か、教えてほしい。凡人が考えることは、たかが知れている。結論から先に言えば、ずばり「愛・お金・生命」の3拍子だ。我々の生きている4次元の世界は、偉大な科学者たちの血のにじむような努力によって「数理性のある世界」であることが解明されてきた。

その世界の中で、「人間はサルから進化したのか？」、あるいは「神が創造したのか？」、真実はわからないが、とにかく人間も自然の法則（原理原則）に従って、思春期（14〜16才）になれば異性を愛する気持ちが生じるようになっている。男女とも「結婚」に憧れる。めでたく結婚すれば、「お金」の重要性をひしひしと感じるようになり、お金に心を奪われれば、夫婦の愛は急速に冷える。何故か？ それは物に心を奪われてしまったのだから当然なことと言える。壮年期になれば体のあっちこっちが痛くなってきて、病気がちになる。そうなれば現金なもので、有り金全部はたいてもいいから体を治したいと思うようになる。このように、理想としては誰でも愛＞生命＞お金と言いたいものだが、現実は生命＞お金＞愛となってしまう場合が多い。どうも人間の心は弱いものだ。

Free Talking

1. 結婚するためにはお金がいくら必要ですか。
2. あなたは玉の輿に乗りたいですか。（理由は？）
3. 「愛・生命・お金」に対するあなたの考えを述べてください。
4. あなたはお金をかせぐことは大変なことだと思いますか。おもしろいことだと思いますか。
5. 権力を握った指導者たちは、どうしてお金の力に弱いと思いますか。（政治家が信じられる？）
6. 物質的に豊かになればなるほど、人間の心は枯渇すると思いますか。（理由は？）
7. あなたはどんな偉大な人物に憧れますか。
8. 資本主義社会の長所と短所についてあなたの考えを述べてください。（理想的な経済体制は？）

26 男女の愛は絶対的なものか？

ポイント 一人の美女をめぐって二人の男が争う。あるいは一人の男をめぐって二人の女が嫉妬し合う。人はこれを「三角関係」と呼ぶが、この蟻地獄から脱出するのは本当に難しい。感情問題がからんでいるからである。これを円満解決するには、女性も男性も深く自分を見つめ直し、まず自分の立場をはっきりさせることが必要だ。自分がその人を本当に幸せにできるかどうか考えなければならない。2人が結婚して子供を育てていくことをよく考えたうえで男女関係というものを考えるべきだ。

時　間 50分～90分

学習目標
1. 「男女の愛」の本質について考える。
2. 「三角関係」の解決方法について話し合う。
3. 「相対的な愛」と「絶対的な愛」の違いについて話し合う。

準　備 女性雑誌に載った「三角関係」の記事
新聞に載ったカウンセラーの相談コーナーの記事

語彙表現 心をつかむ　しびれさせる　うっとりする　ムードづくり
美女と野獣　本音と建て前　ずる賢い　艶かしい　色っぽい　気を引く
心がコロコロ変わる　うそつき　うその涙　あきらめる
ちょっとしたことでつむじを曲げる　譲る　惑わされない　心移り

三角関係

「愛の告白」は周囲の状況をよく見定めた上ですべきだろう。片思い、そのものは誰もが抱く感情の一つの動きに違いないが、衝動的な「愛の告白」はむしろ2人を不幸にする可能性がある。男が女を愛し、女が男を愛する。それだけを考えたら、何と美しいことかと思うのだが、しかし2人の間に第3者が飛び込んで来たときに、男はオオカミと化し、女は黒猫のようにツメをとがらす。世の中の離婚騒動・浮気・不倫などを日常茶飯事的に見聞きしていると、理想の男性と女性がめぐり逢って、いつまでもいつまでも愛し合うということは、それこそ理想のように思えてくる。「愛のない結婚」「いつも不安な愛」「嫉妬だらけの恋愛」「三角関係が生む不幸」等々、ブラックホールのように大きく口を開けた難解な「男女の愛」について考えてみよう！

Free Talking

1. 初めてのデートで成功する理想的なデートの秘法を知っていますか。

2. 男の本質はオオカミで、女の本質は黒猫だと思いますか。（理由）

3. あなたは異性の行動で理解できないことがありましたか。（それはどんなこと？）

4. 女性は嫉妬深いといいますが、そうだと思いますか。
   また、どうして嫉妬深いのでしょうか。

5. あなたが片思いしている人が、あなたの友達を愛していたらどうしますか。

6. 2人が付き合っているのに、他の異性がしつこく、あなたにラブコールを送ったら？

7. 三角関係を無難に解決するためには、どうしたらいいですか。

8. あなたはあなたが好きな人と結婚したいですか。
   あなたを愛してくれる人と結婚したいですか。

27 運命を左右する結婚の相性

ポイント 結婚する時にまず考えなければならないことは、「幸せになれるかどうか」ということだろう。恋愛感情は一種の熱病のようなものだから、生活が苦しくなれば冷めてしまいやすい。男性は女性に、女性は男性に何を求めるのかをよく考えた上で結婚すべきだ。また、夫婦は運命共同体であることを忘れてはならない。どんなに美男美女のカップルであっても、あるいは天才同士のカップルであっても相性があわなければ一緒にいるのが苦しくなる。結婚は一生に一度のチャンスをつかむことだ。

時　間 50分～90分

学習目標
1. 結婚の相性について考える。
2. 男性と女性の補完作用について考える。
3. お互いの能力を生かし伸ばし合う夫婦関係について話し合う。

準　備 結婚の相性について書かれた本
幸せな結婚をした有名人の話を載せた雑誌記事

語彙表現 たで食う虫も好き好き　波乱万丈　後家相　完全主義者　潔癖症
似たもの夫婦　仕事を取るか家庭を取るか　決断力　優しさ　尊重し合う
パートナー　対等　野心家　欲張り　才能を引き出す　やる気が出る
好きこそ物の上手なれ　隠れた才能を発揮　けなす　悪口
人間的な付き合い　勇気づける　夫を尻に敷く

幸福な出会い

欠点を見つけ直そうとするより、長所を探そう！

有名な男性の指揮者と女性の声楽家が結婚した。最も理想的なカップルと騒がれたが、声楽家は次第に挫折だけを感じるようになり、専業主婦に専念するようになってしまった。というのは、毎日毎日、指揮者が「これを直せ、あれを直せ」と言って訓練をさせたがうまくいかなかったためだ。その後、指揮者が死に、彼女は事業家と出会い、再婚した。彼女が朝、食事の準備をしながら歌うのを聞いて夫が激賞した。「お前、もう一度歌を始めたらどうだい」「でも、歌をやめて10年もたっているのよ」「10年や20年たったからといってどうだっていうんだ？」こうして彼女は再び歌を始めた。その後、カーネギーホールで発表会を開いたが、会場総立ちの大喝采を浴びる大成功を遂げた。これはアメリカで実際にあった話だ。

前の夫は音楽の大家だ。だから彼は欠点ばかりが目についた。しかし、現在の夫は欠点を見るのではなく、長所を見てくれるのであった。一般に人々は欠点をなくすために時間を費やしている。しかし、大きな欠点を直しても、また他の欠点が目につくようになる。人間は欠点を見つけ、直そうとするより、長所を探してそれを育成させるほうに目を向けるべきなのだ。「本当に上手だ！すてきだ！最高だ！」このような言葉を聞けば自信になる。そして意欲的に挑戦してみようと思うものだ。理想の夫婦関係について考えてみよう。

Free Talking

1. 声楽家の人生をどう思いますか。
2. 結婚は性格、能力、体形など似ているほうがいいですか。
3. あなたは、どんな可能性のある人と出会いたいですか。
4. きのうあなたは誰かをほめましたか。
5. あなたの会社や学校でとなりにいる人の長所と短所を言ってください。
6. 現代社会において夫婦がぶつかりやすい問題は何でしょうか。
7. 男性と女性はお互いにどんな点を埋め合うべきでしょうか。

28 子供にやさしい社会とは何か？

- **ポイント** 「親はなくても子は育つ」という言葉があるが、確かに肉体的には食べるものだけあげていれば、子供は大きくなる。だが、昔から「三つ子の魂百まで」と言われるように、その子の人格形成において3才までの乳児期の教育がどれほど大きなウエートを占めるかわからない。むやみに怒ったりして泣かしてしまうのは本当によくない。真っ直ぐに育つべき子供の精神をゆがめてしまうことになる。素直で思いやりのある子に育つ環境づくりについて考えてみたい。

- **時 間** 50分～90分

- **学習目標**
  1. 子供の人格形成における後天的要素について話し合ってみる。
  2. 日本と韓国の育児法の相違点を比較する。
  3. 子供が健全に育つ環境・設備・施設について話し合う。

- **準 備** 「育児書」に書かれた育児の手引き
  市の都市計画にもり込まれた育児に関する資料

- **語彙表現** 緑が多い　遊び場　車道への飛び出し　安全運転　信号　ひっぱたく
  育児ノイローゼ　叩く　言うことを聞かない　ぐずる　甘やかす
  可愛がりすぎる　期待をかけすぎる　自立心　独立心　甘えん坊
  泣き虫　我慢強い　お山の大将　わがまま　遺伝　放任

日本は子育て天国

日本は子育て安心、優しい社会。

日本社会は、とても子供に優しいですね。あちこちに子供が遊べる小さな公園があるし、子供を抱いていると、知らない人でも「かわいいわね」と声をかけてくれる。イギリスでは考えられないことです。イギリスは、社会がすべて大人中心に出来ている。子供たちは、大人の静かで落ち着いた雰囲気を壊してしまうので、社会では嫌われ者です。レストランでも赤ん坊はお断りだし、バスや電車では「16歳以下の子は座らせないで」と書いてある。乳母車での買い物も難しい。「電車の乳母車は迷惑。そんな人は乗せないようにして」なんていう投稿が新聞に載ったりします。来日して14年になりますが、結婚して子供が出来るまでは、日本にちょっと不満もありました。男性中心の社会で、女性の声を聞いてくれなかったり、イギリス人なのにアメリカ人と思われたり。でも子供を持って考えが変わりました。恵美里(エミリ)、城二(ジョージ)の二人を育ててますが、どこでもおむつやベビー用品が手に入るし、小児科医なども近くにたくさんあって、便利で安心です。イギリスの公園は広くてきれいで、大人にとっては気持ちがいいけれど、遊び道具などはないし、危険な場所にも囲いがなかったりする。日本の公園は狭くても安全で、子供の好きな遊び道具がそろっている。子育てするには、日本は住みやすい所ですね。(清水シーラさん・41歳江東区富岡在住の主婦でイギリス人。日本男性と国際結婚。二児の母)

Free Talking

1. 子供にとって優しい社会とはどんな社会ですか。
2. 子供のために、韓国の都市計画や施設面で今後必要なことは？
3. 子育てでいちばん大変なことは？
4. 韓国の親は過保護だと思える点はありますか。
5. 子供が大好きなテレビゲームをどう思いますか。
6. あなたは自分の子供を養子に出すことができますか。
7. 子供は夜何時に寝るべきでしょうか。あなたは何時に寝ましたか。
8. 親は子供に何を教え、何を残してあげるべきだと思いますか。

29 夫婦がお互いに嘘をつく時代

ポイント 夫の浮気と妻の不倫がますます増加してきて、今やそうでないのが珍しいと思えるような社会になりつつある。夫婦関係は当のお二人の問題なのだから、横から口を挟むようなことはしたくないが、夫婦の愛が家庭の安定にも、子供の教育にも一番大切なものだということを知って欲しい。親の姿を見て子供もいつしか同じような考え方、行動をとることは十分にありえる。互いに自分の要求ばかりをつきつけるのではなく、互いに互いを思う努力をする夫婦であれば、それはきっと子供にも伝わるであろう。

時　間 50分～90分

学習目標
1. 「核家族」の増加による家族関係の変化について話し合う。
2. 夫の浮気と妻の不倫の原因と防止策について話し合う。
3. 芸能人の離婚などが社会に及ぼす影響について意見を言う。

準　備 最近の夫婦の意識を調査したデータ
夫の浮気防止策について書かれた記事、家庭円満について書かれた本

語彙表現 生意気だ　いい加減　無頓着　融通がきかない　独りよがり　独断的
思いやりがない　夫を立てる　身勝手だ　心が通じ合う
ケンカするほど仲がよい　八つ当たり　家庭を顧みない　ちやほやされる
ワイドショー　ゴシップ　スクープ　援助交際　テレクラ

夫婦の不信

夫婦の不信が深刻化している。昔の結婚と違って現代の結婚は、本人同士の意志が尊重され、恋愛結婚が主流になった。恋愛結婚は理想的な結婚かも知れないが、もともと赤の他人の二人同士だ。「熱しやすければ冷めやすい」と言う言葉もある。芸能人を追っかけるのに夢中になっていた少女が、もっと格好いいスターが現れると、さっさとそちらの方に飛びついてしまう。自分の好みで相手を変える合理的  な西洋文明の煽りを受けた時代だ。「夫婦の愛は絶対だ」なんて格好いい言葉は似合わない。「浮気は男の本性だ」「不倫は今の流行りよ」なんて夫婦がお互いに嘘をつく。それじゃ本人同士はいいけれど、子供がかわいそうだ。

Free Talking

1. 男性は女性のどんなところに不信を覚えますか。
2. 女性は男性のどんなところに不信を覚えますか。
3. あなたは男女の愛は相対的だと思うか、絶対的だと思うか。
4. 本当に愛していたら自分の生命より、夫婦の愛を選びますか。
5. 酒、タバコ、女、ギャンブルについてどう思いますか。
6. 最近の不倫ブームの原因は？
7. なぜ、芸能人は離婚する人が多い？
8. 有名人の中で理想的なカップルは？

30 次世代を担う青少年の倫理観

ポイント 中高生の倫理意識が社会問題になっている。日本では70年代後半から80年代にかけて「校内暴力」や「家庭内暴力」が問題になった。90年代に入ってからは女子中・高生のお金欲しさの売春行為が深刻な問題となってきている。とにかく倫理意識というものは、哲学では割り切れない宗教的な道徳性がなければ維持できないものだ。儒教精神が生活に根付いている韓国でも最近の快楽的文化の煽りを受けて「青少年問題」が深刻化してきている。国と民族の将来を考えたい。

時間 50分～90分

学習目標
1. 最近の中・高生の現状と世代差について話し合う。
2. 青少年問題と家庭教育及び学校教育について話し合う。
3. 「宗教的な道徳性」とは何かについて話し合う。

準備 最近の中・高生の意識構造を取り上げた記事
青少年問題に関する記事、「道徳」に関する本

語彙表現 思考方式（ものの見方・考え方）　感受性　感覚的　衝動的
後先を考えない　奇抜だ　早熟だ　努力　進路を決定する　クラブ活動
ガリ勉　髪を染める　いじめ　陰湿　反抗期　不良　家庭環境　暴走族
見て見ぬふりをする　関わりたくない　まきぞえを食う　傍観

倫理意識

子供達が大人のしていることを真似している。犯罪が低年齢化している。昔は大人と子供が経済力においても社会的な自由さにおいても一線を画する何かがあったと思う。子供は大人の世界がよく見えないし、子供は知らなくていいのという言葉で、何か情報が遮られていた面もあったと思う。お金もないし、何もできずに言われるままに学校に通い、社会の規範にしたがっていたわけだ。ところが、このごろは情報が氾濫してテレビを中心としてマスコミでは世の中の悪い面をああだこうだと批判しており、スキャンダルとか不倫、汚職などの言葉を耳にしない日はない。ああ大人というのはあちこちで悪いことばかりしている。だから自分たちもということで、自由だ権利だと叫びつつ、子供達が反乱を始めた。などという見方もできるが、マスコミにだけ責任を押しつけて自らを省みようとしない大人たちの一方的なずるい見方だと反論する声もある。ともかく問題は深刻であり、大人の倫理意識を問うのがまず先だとも言えるが、今回は高校生の現状について探ってみたい。

Free Talking

1. あなたの高校時代と今の高校生のお金の使い方はどう違いますか。
2. あなたの高校時代と今の高校生の時代差は？
3. 高校時代には何をすべきだと思う？
4. 高校時代からタバコを吸い、酒を飲み、子供を産むことをどう思う？
5. 家庭での親の権威、学校での教師の権威はどれくらい失墜しましたか。
6. あなたは小型のCDプレーヤーを拾った時、どうしますか。
7. ヤクザが暴力を振るっていたら？
8. 高校生はストレスの解消に何をすべきだと思いますか。
9. 倫理教育はどこまで必要ですか。

31 便利な代行ビジネス

ポイント 昔は豊かな家庭では家政婦さんを雇い、大邸宅の掃除やら食事の準備やらをしてもらった。その仕事は住み込みで、実家に帰るにも許可をもらわなければならないし、自由な生活などありえない。もちろん今でもそのようにして働いている人もいるかもしれないが、個人の生活が重要視される現代では人気のない仕事だ。しかも不況が続き、一般の家庭ではとうてい家政婦さんを雇うお金はない。しかし忙しい現代、あれやこれや猫の手も借りたいという人はたくさんいるし、高齢者が増えて体がいうことをきかないとき、ちょっと買い物に行って欲しいなどという願いも多い。そんな時代に目を付けた新しいビジネスが登場している。

時　間 50分〜90分

学習目標
1. 家政婦の仕事の大変さについて話し合う。
2. 24時間サービスの便利な点について話し合う。
3. 24時間サービスをする側の苦労について話し合う。

準　備 求人情報の広告や雑誌など
新しいサービスの広告や雑誌記事など

語彙表現 主人　使用人　運転手　奉公　薮入り　留守番　お手伝いさん
暇を出す　レンタル家族　介護　ヘルパー

忙しい時代を狙ったビジネス

世の中便利になったものだ。コンビニに行けば、コンサートのチケットも買えるし、宅配の荷物も受け取れる。深夜営業のディスカウントショップも電気製品などを買いに来る客でいっぱいだ。仕事中心に一日を過ごさざるをえない人たちにとっては、これらのサービスが本当に助かるものであるに違いない。

　いっぽう働く主婦も子供の教育や家事に追われ休む暇もない。そこで登場したのがパートで何でもしてくれる便利屋さん。便利屋さんはパートで働ける社員を何十人も抱えていて、依頼のあった日時に空いている人を派遣してくれる。その仕事と言えばトイレの修理、大掃除、犬の散歩、お年寄りの代わりに先に病院に行って予約して待つなどの、普通は嫌がられる仕事だが、不況、失業者の増加、就職難などの影響で、とにかく働く人がいるのだ。

　ところで高齢者が増加する中、お年寄りのためのサービスもある。あるスーパーではお年寄りの代わりに買い物をしてあげて、配達してくれるそうだ。携帯電話を使って、キュウリは何本とか、いくらといくらのがあって、では安い方にしますかなど、具体的に説明しながら買い物をしてくれるので、買いすぎたりする無駄もないし、客の方も多少は買い物気分を味わえることだろう。いろいろなところにビジネスのアイデアがあるものだ。

Free Talking

1　家政婦をパートで雇うなら何をしてもらいますか。
2　家政婦の仕事の大変な点は何だと思いますか。
3　市役所など、時間が限られていて不便だと感じたことがありますか。
4　普通の時間以外に営業していて便利なのは？
5　夜勤や早朝の仕事は苦手ですか。
6　あなたは家の中の修理などはできますか。
7　便利屋で仕事をする場合、どんな仕事ならできそうですか。
8　お年寄りのために必要なサービスと言えばどんなことがあると思いますか。

32 起業家を育てよう

ポイント ベンチャービジネスとかSOHOなど、「いつ首になるとも知れぬ会社で不安に働くよりも、独立して自分のやりたいことや意義を感じながら働きたい」という願いを、声ばかりでなく実行する人が増えてきている中、起業家を育てようとする動きも活発になってきた。そして今や幼児向けの起業家教育用の教材や学校も出てきている。日本はまだまだ遅れている方だということだが、子供の頃からなんでも金勘定で判断するような計算高い人になってしまっては困る。しかし知識植え込み型の教育から脱し、自分で考え、自分で行動することを養うという点では期待できそうな気がする。あなたが幼稚園のころにこれをやっていたら今どうなっているだろうか？

時　間 50分〜90分

学習目標
1. 起業家養成講座の必要性ついて話し合う。
2. 起業家になるためにはどんな資質が必要か話し合う。
3. 起業家養成講座と幼児教育について話し合う。

準　備 起業家養成講座のパンフレット
ヒット商品の売れた理由・要素などを紹介した本や記事

語彙表現 値段を下げる　仕入れ　調達　コスト　売り上げ　市場調査　事業計画
製造　販売　収支計算　宣伝　賃金　事業資金　儲け　経営を圧迫する
体験学習　創造性　責任感　チームワーク　臨機応変　実行力
リーダーシップ　リスク　ベンチャービジネス　SOHO

ビジネス体験

ビジネス体験キャンプというものがある。小学生から中学生が集まってチームを作り、社長、販売マネージャー、宣伝マネージャーなど、役割を決め、事業計画を立てる。キャンプ内に作られた仮想銀行に行き、資金の借り入れの相談をし、計画に無理があると事業計画書は書き直し。ようやく資金を手にして準備をし、いよいよ販売。今回はあるチームは遊園地で独自のデザインの絵はがきを販売。パソコンを持ち込み、その場でプリントしたが、売れ行きはかんばしくない。困ったA君、突然持っていたデジタルカメラで遊園地の乗り器具に乗っている人を撮影。その写真をその場で絵はがきに印刷して持ちかけたところ、買ってくれた。これに気をよくしたA君、乗り器具の前で並んで待っている人たちから注文をとりつけて、何とか商売らしくなってきた。緊急の臨機応変さもビジネスには重要なことだといえるが、何よりアイデアをその場で実行に移し、うまくいったことはお金以上にA君にとって貴重な体験となったことだろう。

起業家になるために必要なこと

- 創造性がある
- リーダーシップがある
- 自分と仲間の長所と短所を認識する
- リスクを判断して計画を評価できる
- 計画を立てて実行する力がある
- チームワークを守れる
- 責任感がある
- 自分自身と仲間に動機付けができる
- 臨機応変に対処できる

Free Talking

1. 起業家養成講座に参加してみたいですか。
2. 子供にこんな内容の教育をすることについてどう思いますか。
3. 知識植え込み型の教育から脱却するためにはどうしたらいいと思いますか。
4. SOHOを始めるなら、どんな仕事をしたいですか。
5. その場合に自分に必要な能力は何だと思いますか。
6. 大きな会社をつくる場合に自分に必要な能力は何だと思いますか。
7. 起業家養成講座で子供たちに教える場合に、こんなことも教えたらいいと思うことがありますか。

33 会社一筋の会社人間が危ない

- **ポイント** 日本人はよく働く。海外から「日本人は働きすぎだ」「働きバチ」だなどと働くことがあたかも悪いことかのように批判されている。それでも最近は「欧米並みの労働時間を」ということで、週休2日の会社もだいぶ増えてきた。だが、日本人は余暇の使い方が下手で、十分に活用していないという声がある。休日返上で会社に出てくる人も多い。働いたほうが家族と一緒にいるよりおもしろいのだ。体をこき使って無理をすることが、何か仕事をしているんだという充実感を与えてくれる。この日本の常識は世界の非常識だ。

- **時　間** 50分〜90分

- **学習目標**
  1. 仕事の能率と労働時間との関係について考える。
  2. 休日の使い方について考える。
  3. 会社の在り方と会社の生活に占めるウエートについて話し合う。

- **準　備** 「過労死」の問題を取り扱った新聞記事、先進国の労働時間を比較した表　週休2日制実施に対する賛否の世論調査

- **語彙表現** 管理職　窓際族　万年平社員　設備投資　人員削減　体の節々が痛い　肩が凝る　疲れがとれない　目がかすむ　寝起きが悪い　ぎっくり腰　すかっとする　安堵感　心臓麻痺　円形脱毛症　責任をとる　弁当支給　会社と運命を共にする　家に持ち込む　公私混同　けじめをつける

過労死

　世の激変に劣らず、職場の変容がはげしい。新しい機器が続々と姿をみせ、慣れるのに精いっぱいだ。交通の便はよくなっても通勤地獄がひどい。それらが仕事のしかたや人間関係に微妙な影を落とす。働く側は疲れはててストレスがたまってくる。そうしたことが脳出血や心不全に結びつき、過労死の訴えが広がっている。「ゆがんだ時代」である。大手商社の課長の死に労災が認められたのも、働き方が猛烈すぎたからだろう。だが、いまは奴隷労働の時代ではない。健康が重視されて当然なのだ。そのためには、仕事の量や働き方とその評価とをめぐって、労使ともに発想の転換が必要だと思う。残業しても手当を払わない「サービス残業」や家へ仕事を持ち帰る「ふろしき残業」が当たり前になっている。忙しくて仕事が残ることは、ままある。しかしそうした場合はきちんと手当を払うべきであり、働く側も仕事と私生活のけじめをつけ、自分自身の健康にも留意すべきだ。きちんと働いて、けじめをつけて休む。みじめな過労死などを根絶するために、なぜ働くのかを考え直さなければならない。定年に近づいて頭痛などに襲われる例がふえているということだが、これは仕事一筋の「会社人間」がかかりやすいらしい。それは他のことに価値観を持とうとしないせいである。そのような働き方を奨励し、年をとると厄介視する会社が少なくない。もてはやされる「日本的経営」の実態を知れば、そんな組織に若者や女性はそっぽを向くに違いない。

Free Talking

1. OA機器は難しいですか。
2. あなたはどれくらい疲れていますか。
3. ストレスをどう解消しますか。
4. 韓国でも「過労死」が問題になってきていますか。
5. 社長、副社長、部長、課長、係長、だれがいちばんよく働く？
6. 残業手当はどれくらい払うべきか。
7. 「ふろしき残業」をどう思いますか。
8. 「会社人間」がかかりやすい病気は何？　また、あなたの健康管理は？
9. 何故、あなたは働くのか。
10. 人間が置くべき価値観の順位は？（仕事、家庭、パン、お金、愛……）

34 清潔さは人生成功の鍵

ポイント 私は部屋の中には物がたくさんあったほうが落ち着く。私はすっきりした部屋がいい。人によって感じ方は様々だが、不潔が大好きと言う人はほとんどいないだろうし、不潔な環境では病気になることもある。同じ靴下を二日目もはくのは気持ちが悪いし、一週間も風呂に入らなければ、あちこちかゆくなったりもするだろう。神経過敏な人は何も手につかなくなるのではないか。ということは逆に考えると、清潔であることは快適な生活に欠かせないことだし、人生の成功にもつながるかもしれない。

時　間 50分〜90分

学習目標
1. 学校生活とトイレの実態について述べる。
2. 仕事や勉強の能率と清潔さの関係について考え意見を述べる。
3. 心を清潔にすることの大切さについて話し合う。

準　備 成功した人の座右の銘や格言で清潔に関するもの
水洗トイレの普及率のデータ、学校の施設改善の報告書

語彙表現 潔癖症　きれい好き　抗菌商品　香水　脱臭剤　消臭　消毒　内緒話　落書き　便秘　下痢　西洋式便器　かび　ほこり　雑巾　ブラシ　トイレットペーパー　整理整頓　能率が上がる　作業の無駄・ムラがない　改善　改良　謙虚　滅私奉公

トイレ掃除の効用

この頃、学校のトイレを新しく改修するところが増えている。これは子供が学校で大便をしたがらないために体調をおかしくする、ストレスを感じているなどのデータが発表されたためだ。また汚いトイレは使い方も雑にならざるをえないため、ますます汚くなる。しかしきれいに改修されたトイレをきれいに保ちたいと思うのは自然な感情であり、そのことからトイレ掃除は清掃業者に依頼する都市部の学校も全体、部分的、
それぞれ差はあるにせよ、児童に掃除をさせてきれいに使う、ひいては公共物を大切にすることを教育するきっかけにしようという動きが見られるようになった。

一方、自分の会社のトイレを自ら掃除する、それも便器の奥までゴム手袋も使わずに素手で徹底的にきれいにするということを、すでに10年以上にわたって実行している人が現れた。しかもその人は平社員でもなく、管理人でもなく社長だというのが驚きだ。

始めは自らの精神的鍛錬のような目的で一人で始めたのだが、いつしか掃除の習慣が社内全体に広がり、それは仕事の面でも生かされ、チームワークがよくなり、掃除の工夫が作業の改善にもつながり、いいことずくめ。その会社は全国に支店をかまえる勢いで急成長、噂はあちこちに広がり、全国から経営者が掃除研修にくるということだ。トイレ掃除は無限の可能性を秘めている。

Free Talking

1 学校のトイレは誰が掃除しましたか。
2 罰でトイレ掃除をさせられたことがありますか。
3 トイレは不良学生が集まる場所でしたか。
4 学校のトイレを使うのは嫌でしたか。どうしたら使いやすくなりますか。
5 あなたが先生だったら生徒といっしょにトイレ掃除を一生懸命にしますか。
6 トイレ掃除は子供の教育に効果があると思いますか。
7 あなたの机は仕事がしやすいように整理されていますか。
8 トイレ掃除は精神の鍛錬になると思いますか。
9 あなたなら何をしたら心がきれいに磨かれると思いますか。
10 清潔に過ごせば成功すると思いますか。ものぐさな人は？

35 終身雇用から能力主義の時代に

ポイント 長い間、日本の企業は終身雇用制という経営体制を維持し、社員は会社のために働き、会社は社員の生活を保護するという西洋にはない企業文化を作り上げた。それはアジアの国々の企業経営のモデルにもなったし、最近では西洋でも注目され始めていた。ところが、バブルの崩壊と若者たちのライフスタイルの変化など、終身雇用では会社の経営が成り立たなくなり、これまで会社のために懸命になって働いてきた40代、50代の社員も転職を考えなければならなくなってしまった。そこで今更ながら資格を取るため学校に通うというお父さん方が増えている。年をとってからの勉強というのは若いときのようにはうまくいかない。大変な時代だ。

時　間 50分〜90分

学習目標
1. 終身雇用と能力主義について述べる。
2. 今後有利な資格について話し合う。
3. 転職についての様々な問題を考え意見を述べる。

準　備 資格取得の講座の広告、パンフレットなど
失業率、転職、就職に関するデータ

語彙表現 職業安定所　派遣社員　年功序列　昇進　年俸制　大学のサテライト教室
聴講生　生涯学習　中間管理職　マネジメント　MBA（経営学修士）
退職金　裁量労働制　フレックス・タイム制　リストラクチャリング
窓際族　肩たたき

社会人向けの講座

バブル経済の崩壊、人員削減、終身雇用制崩壊、年俸制導入と日本のサラリーマンにとって能力なしには生き延びられない時代になってきた。そこで会社で働きながらも様々な資格を取るため勉強する。学費を国が補助してくれる制度もできて、経済的な負担は多少軽くなったが、とにかく急な仕事が入ったりすると授業に遅刻、あるいは欠席することになってしまう。授業に参加しても仕事のことが気になる日もある。上の空ではここまで投資してきた時間やお金が無駄になる。家に帰れば予習、復習も必要だし、週末は家族と過ごすどころではない。資格をとるための勉強というのは受験勉強と同じように必死で取り組まないと達成は困難だ。

いろいろな資格取得のための講座

- 行政書士
- 社会保険労務士
- 中小企業診断士
- 医療事務
- 宅建取引主任者
- 気象予報士
- 保育士
- 介護福祉士
- カラーコーディネーター

Free Talking

1 今、関心のある講座は何ですか。その理由は？

2 この資格は将来役に立つというものを紹介してください。

3 学校、通信教育、独学、どの方法がいいですか。

4 講座を受ける時間的な余裕はありますか。

5 講座を受ける場合に負担になることや障害になることは何ですか。

6 受験勉強をした頃と、今とでは勉強のスタイルが変わりましたか。

7 趣味で通うなら、何の講座にしますか。

8 終身雇用制の良さは何ですか。

9 何歳ぐらいまでは転職しても大丈夫だと思いますか。

10 定年後に別の職業につくとしたら何が適当だと思いますか。

36 子育てにおける父親の役割

ポイント 男女平等とは誰もが正しい考え方だと思うけれども、実際の生活の場面ではなかなかそれが実践できていないのが現状である、とくにそれが夫婦となるとお互いの気持ちが率直に出るあまり意見が衝突することも多いだろう。特に子育てという観点においては、置かれている立場も違うし、出産した母親と見守る父親とでは自ずと違いが出てくるものであろう。しかし、家族から孤立している父親という傾向から脱するためにも、男性も何らかのアプローチをしなければ、妻からも子供からも疎外され、寂しい老後を過ごすことになりかねない。それは本人にとっても問題だし、家族にとっても不孝なこと。家族の幸せのために、昔は100％経済的な責任を負っていた父親の使命は、今や大きく変わろうとしているのではなかろうか。

時　間 50分～90分

学習目標
1. 父親はどれほど子育てに関与しているか現状を話し合う。
2. 過去の父親と現代の父親の役割の違いについて話し合う。
3. 自分自身はどのように対処できるか意見を述べる。

準　備 世界のいろいろな国の育児書、ハウス・ハズバンドの実態の報告書など家庭に関する新聞や雑誌の悩み相談の記事

語彙表現 母性本能　スキンシップ　母乳　家族団らん　保育園　幼稚園　送り迎え　授業参観　家事　進学相談　運動会　入学式　卒業式　虐待　情緒不安定　育児休暇　職場復帰　家庭サービス　放任　過保護　ごろごろ　母親になつく　延長保育

Memo

子育てと父親

不景気で夫婦共稼ぎが当たり前とも言えるご時世であるのに加え、女性の社会進出が進んでいるこの頃、仕事上の責任も増え、子育てがますます負担になっている現状は無視できなくなってきている。また、かつてとは違った変質的な青少年の非行、暴力、殺人事件などが相次ぐ中で、今まで仕事中心で家庭を犠牲にしてきた父親たちも、家庭や家族を大切にし、教育に関心を持ち、そして育児にも協力せざるをえないといった状況になってきている。それで慣れない手つきでおしめを替えたり、ミルクをあげたりお風呂に入れたりするのだが、妻からは手際が悪いとか、早くしないと風邪をひくなどさんざんに言われる。初めての出産で子育て経験のない夫婦の場合、お互いおろおろしながら赤ちゃんの世話をすることになるわけだが、産まれてからいっしょに過ごした時間からして妻にはとうてい及ばない夫に、赤ちゃんの心理状態や健康状態の微妙な変化など簡単にはわからない。しかし時代の流れはハンディーをかかえる父親たちに容赦なく襲いかかってきている。子育てについて考えてみよう。

Free Talking

1. 赤ちゃんを抱くのは慣れていますか。
2. 育児に自信がありますか。
3. 子供と遊んであげるのは得意ですか。
4. 赤ちゃんが大きくなるまで父親にはどんな苦労がありますか。
5. 赤ちゃんが大きくなるまで母親にはどんな苦労がありますか。
6. 幼稚園や小学校の父兄参観などに出席しますか。
7. 夫婦共働きだが、子供が学校で熱を出して病院へ行かなければならない。どちらが学校へ行きますか。
8. 父親と子供のコミュニケーションは十分ですか。
9. 父親と母親と決定的に違う点は何だと思いますか。

37 人間の生命の尊厳性を考える

ポイント 命あるものには必ず死がやってくる。だが医学の発達は様々な病気や怪我から人間を救えるようになってきており、今では心臓の代わりにペースメーカーによって生命を維持させることができるようになった。しかし脳の機能がストップした場合には、これを回復させる方法は見つかっていない。このような状態を脳死といい、体は生命維持装置によって活動を続けるわけだが、脳は何の命令もくだせない。もちろん意識もないという状態だ。生命の尊厳性という観点からも、これは極めて複雑な問題だ。

時　間 50分～90分

学習目標
1. 脳死は死かどうかについて意見を言う。
2. 臓器移植について考える。
3. 安楽死への賛否について話し合う。

準　備 脳死、安楽死に関する資料・新聞記事
「生と死」をテーマにした哲学書など

語彙表現 植物人間　半身不随　意識を取り戻す　昏睡状態　生き返る　輸血
かけがえのない命　心臓　肺　肝臓　腎臓　貧血　脳卒中　脳溢血
臓器提供意思表示カード（ドナーカード）　消極的安楽死　積極的安楽死
尊厳死

安楽死は是か否か

97年の春、京都の病院で安楽死事件(?)が起こりました。これは病院の院長が癌の末期患者に対して筋肉弛緩剤という注射を打って死なせたもので、院長は「本人に頼まれて安楽死させた」と言っていましたが、警察では「殺人だ」ということで起訴され、結局殺人罪として有罪の判決を受けました。安楽死とは、『回復の見込みのない重症患者を、末期の苦痛から解放するため、外部の力を借りて命を縮めること』ですが、患者自身や家族の同意で生命維持装置を外す「消極的安楽死」と、薬物などを使う「積極的安楽死」に分けられます。京都の病院の場合は、積極的安楽死ということになりますね。

日本人の死因順位

1位.	悪性新生物（がん）	：人口10万人に対して226.6人
2位.	心疾患	：人口10万人に対して114.2人
3位.	脳血管疾患	：人口10万人に対して110.0人
4位.	肺炎	：人口10万人に対して 63.8人

Free Talking

1. あなたが京都の病院の院長の立場だったら、どうしますか。
2. 医師を全面的に信頼していますか。
3. もし「癌」の宣告を受けたら、あなたはどうしますか。
4. あなたは自分の臓器を提供できますか。
5. 「安楽死」賛成・反対で、討論をしてください。

38 人口問題とクローン

ポイント　おかしな時代になったものだ。結婚しなくてもいいとか、子供はいらないとか、もちろんそれぞれの考え方があるのだろうけれども、自然界の法則に反することかもしれない。一方子供が欲しいのにできないという家庭には吉報であるが「生命の誕生」が人工的にできるようになった。これに対しても賛否両論様々な意見があり、抵抗感もまだ強いようだが、子供が欲しいというその願いは満たされるが、その子供自身がどんなふうに考えるのかという点で、人工授精とは良いことなのか、それともあるまじきことなのか、考えてみたい。

時　間　50分

学習目標
1. 少子化の原因と影響について話し合う。
2. 人類は繁殖し続けなければならないのかについて話し合う。
3. 人工授精やクローンの賛否について話し合う。

準　備　少子化に関する資料・新聞記事
人工授精やクローンに関する資料・新聞記事など

語彙表現　私生児　一人っ子　兄弟　にぎやか　一姫二太郎　人格完成　氏族繁栄　後継ぎ　絶家　養子　家系を絶やさない　お墓　先祖　長男　団塊の世代　ベビーブーム　遺伝子　親子関係　ひねくれる　情がいかない　遺伝　親の身勝手　お腹を痛めて産んだ子

少子化 ⇒ 無子化　そしてクローン人間？

最近の調査によると、日本の合計特殊出生率は1.43です。合計特殊出生率というのは、二人の女性が生涯に産む子どもの数で、これが2.1以上なければその国の人口は減る、とされています。子どもを少なく産んで、その子にたっぷり愛情（お金）を注ぐこと。これが現代の若い親の考え方のようです。また、未婚の男女に対する調査結果では、「結婚しても必ずしも子どもを持つ必要がない」と答えた人が42.6％だったそうです。まさに無子化現象の始まりを感じさせるような回答ですね。「人口の減少は、国力の低下につながる」とも言われていますので、ちょっと心配になってきます。一方インドやアフリカでは、人口が増え続けて困っているのに…。ある知識者は、「クローン人間で、人口の減少を防ぐことができる」と話していますが、将来もし自分の複製人間が生まれたら…？　こんなことはあまり想像したくありませんね。

● **Keywords**

・クローン（clone）→ 複製生物。遺伝子の操作によって作り出された、親とまったく同じ細胞を持つ子のことをいう。1997年2月、イギリスのロスリン研究所のグループによって、世界初のクローン羊「ドリー」が発表された。

Free Talking

1　少子化現象の理由は何だと思いますか。
2　少子化の一長一短を話してください。
3　その国の人口が減ると、本当に国力が低下すると思いますか。
4　あなたは何人兄弟（姉妹）ですか。それに満足していますか。
5　子供は多いほうがいいですか。少ないほうがいいですか。
6　子供を産まない夫婦をどう思いますか。
7　クローンはどこまで許せますか。その理由は？

39 広告の功罪

ポイント 日本では毎日たくさんのチラシが新聞に挟まれて配達される。自動車、電気製品、家具、宝石などいろいろなものがあって、カラーのチラシがほとんどだ。スーパーの大安売りのチラシもあり、こまめな主婦は少しでも安いところに自転車を走らせて買い物に行く。研究熱心な主婦は毎月チラシを保管して置いて、どのスーパーの何が安く、いつごろ何のセールをするのか把握して、それにあわせて買い物のスケジュールを立てるという。上手に使えばチラシも便利だ。しかし広告の洪水と言えるような現代社会。困ったことも多いことだろう。

時　間 50分〜90分

学習目標
1. 人気のあるTVCFを紹介する。
2. 広告の表現について学習する。
3. 広告がもたらす影響について話し合う。

準　備 日本の新聞や雑誌の広告・韓国の広告
新聞のチラシや街頭で配る新装開店やセールのビラなど

語彙表現 大安売り　赤字覚悟　出血大サービス　先着30名様　限定販売
何でも100円　衝動買い　カード破産　ピンクチラシ　バナー広告
クーポン広告　意見広告　比較広告　潜在意識広告(サブリミナル広告)
広告大賞

広告の功罪

「広告を見ると、その国のそのときの文化がわかる」と言われています。広告の目的は、基本的には売り上げの増進ですから、各企業が、自社の新製品などを中心に、いろいろな媒体を通じて行います。これらの製品広告も、内容としては大きく二つに分かれます。ひとつは製品の特徴・利点などを強調する「理論的アプローチ」。もうひとつは何となく共感を感じさせようとする「情緒的アプローチ」です。たとえば、鯨が空を飛んでいるビールの広告がありますが、ビールの品質や味と鯨には何の関係もないんですが、これが情緒的広告なんですね。日本には、このような広告が多いですが、アメリカの場合は、何とかして自社の製品の優れた点、また買い手にとってプラスになる点を説明しようと努力する理論的な広告が多いそうです。

Free Talking

新聞・テレビ・ラジオ・チラシ・看板・ポスター・ネオンサインなどと、朝起きてから夜寝るまで、さまざまな広告の洪水のなかで私たちは生活をしていますが、この広告の功罪について話し合いましょう。

1 テレビのCFは好きですか、嫌いですか。

2 新聞のチラシはよく見ますか。

3 新製品の広告を見ると、それが欲しくなりますか。

4 インターネットで買い物をしたことがありますか。

5 韓国は嘘の広告や誇大広告が多いですか。その被害を受けたことがありますか。

40 21世紀

ポイント 子供の頃見たテレビ番組が最近、再放送されているのをたまたま見ていて驚いた。主人公が時計を携帯電話のように使っている。あの頃は遠い未来のことだと、深く考えもしなかったが、それが今実現していることを考えると2001年は、あの遠い未来だと思っていた世界が今私達の目の前にあるということになる。1969年に「2001年の日本」という本が出版されているが、そこにもパソコンやハイビジョン、モバイルなどが生活に浸透している姿が描かれている。未来は本当に目の前にあるのだ。

時　間 50分～90分

学習目標
1. 20世紀の偉大な発明や事件などについて話し合う。
2. 21世紀の生活の変化について話し合う。
3. 22世紀の課題について話し合う。

準　備 20世紀を振り返るデータや10大ニュースなどの記事
韓国と北朝鮮の統一に関する資料

語彙表現 環境問題　交通事故　人口問題　戦争　飢餓　人種差別　進歩　発展　衰退　タイムマシン　国際連合　食糧問題　IT革命　IT家電　デジタル認証　資源　公害　核問題　経済格差　思想　組織

21世紀になくなるもの

21世紀は2000年からか、2001年からなのかはいろいろ論議がありますが、世の中は、2000年からというムードが大勢を占めています。スピード時代といわれて久しいですが、本当に最近の世の中の移り変わりは早く、"10年ひと昔"などという言葉は、いまでは死語になってしまいました。これからの100年間、つまり21世紀中に、私たちの暮らしは想像もつかないほどの変化をすることでしょうし、それに伴って、現在使われているもののなかで使われなくなるもの、なくなってしまうものもたくさんあると思います。下のデータを参考にして、私たちも21世紀について、いろいろと考えてみましょう。

データ

■ ビジネスマンへのアンケート

● 21世紀に解決すべき課題は？
1. 地球環境保護
2. 少子高齢社会
3. 日本経済の復興
4. 政治改革
5. 資源の枯渇
6. 食糧問題
7. 医療問題
8. 核の廃絶
9. 民族紛争
10. 科学技術の振興

● 21世紀になくなるものは？
1. タイムカード
2. ガソリン自動車
3. ワープロ
4. ファックス
5. 固定式の電話
6. 紙幣・硬貨
7. 電卓
8. ネクタイ
9. 灰皿

Free Talking

1 20世紀を色で表すとすると、何色でしたか。では、21世紀は何色だと思いますか。

2 21世紀中になくなると思うものを、五つ言ってください。
   1.
   2.
   3.
   4.
   5.

3 21世紀中に、韓国と北朝鮮は統一されると思いますが、どんなかたちで統一されるのがいいと思いますか。

第2章

日常会話でよく使われる表現や文型をマスターするための会話教材

41 ノーテンキな性格

● 発音してみましょう。

うっかり： 注意が足りなくて気がつかなかったり、失敗するようす。
うっかり電車の中に折りたたみ傘を置き忘れてきてしまいずぶぬれになった。

のらりくらり： 何もせず、怠けて時を過ごしているようす。
首になってから家庭のことも顧みずのらりくらりと遊んで暮らしている。

おたおた： 急な何かであわてて役に立つ動きができないようす。
本番、舞台の上で台詞を忘れて一瞬おたおたしてしまった。

たどたどしい： 動作が未熟なようす。話し方が不慣れなようす。
人前で話すのが苦手な彼女はたどたどしい話し方で自己紹介した。

（作文テーマ）　「忘れる」(聞いてる人に面白さを伝えよう！)

1. 私の性格
2. 忘れたときのエピソード
3. どうして忘れるのか
4. 忘れるということはどういうことか

こんな忘れ物！

私が小学生の時、近所にラーメン屋さんがオープンした。開店初日だけ、ラーメンが十円という素晴らしいラーメン屋さんだった。ラーメン大好きの私はもちろん、そこへ向かった。家を出る時、ふと何か忘れているような気持ちになった。でも手元に財布はある。何を忘れているのか思い出せなかった。思い出すのをあきらめ、ラーメン屋で十円ラーメンをおなかいっぱい食べた。会計の時になって忘れ物が何だったのか分かった。私の財布には一円玉が六枚しかなかったのである。そして、近くで食べていたやさしいおばさんが声をかけてくれ、四円おごってくれた。

私の中に小さな命が宿った時、それを一番喜んだのは娘だった。病院の検診には必ず同行し、エコー検査でモニターに映しだされる「小さな妹」に会うのを楽しみにしていた。娘にマナミちゃんと名付けられたおなかの子は、日増しに大きくなっていった。しかし、生まれてきたのは元気な男の子だった。娘は「女の子を産んでって、お願いしておいたのに」と言ったきり、しばらくはその名前を呼ぼうともしなかった。娘が優しいお姉ちゃんになったのはそれから間もなくのこと。不思議がる私の耳元で娘は言った。「わたし、ママのおなかの中におチンチン忘れてきちゃったの。それをユウくんが持ってきてくれたんだね」。そして、小さな弟は娘の一番の宝物へと昇格した。

昭和二十八年ごろ、近くの劇場で美人マジシャンによるショーが行われ、見物に出かけた。彼女が手にしたシルクハットから、ハトや鶏、万国旗などが次々に出てくる。そのしなやかな手つきにあっけにとられた。最後に彼女が細いロープを出して「どなたか私の腕を縛って下さい」と呼びかけ、前列の席にいた私がステージにかりだされた。両腕を固く縛り終わると、ワン、ツー、スリーと彼女が声をかける。すると腕がスーッとロープから外れた。もう終わりとステージから降りようとすると「忘れ物よ」と彼女の声。何だろうと振り向くと、握手をしてくれた。恥ずかしいやら、嬉しいやらのひとコマだった。

※ 助詞などの発音に注意して読んでみましょう。

Free Talking

1 あなたは忘れっぽい方ですか。

2 忘れないようにする努力してますか。

3 忘れようとしても忘れられないことは？

4 記憶するのは得意ですか。

5 忘れた方がいいと思うものありますか。

6 知っているのに知らないふりしたことは？ 見て見ぬふりしたことは？

7 昔の知り合い(恋人、親友、恩人、etc)が記憶喪失になったら？

8 天才的頭脳の持ち主なら何をしたい？

9 愛する人がアルツハイマー病にかかったら？

10 人間にボケることは必要でしょうか。

42 熱狂スポーツ観戦

● 発音してみましょう。

むかむか：感情が急に高ぶるようす。
試合中、汚い手を使われ味方を傷つけられ、むかむかと腹がたってきた。

だらだら：たれ流れるようす、しまりなく続くようす。
選手達と同じようにダラダラ汗を流しながら応援する。

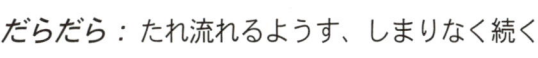

めらめら：炎が燃え広がるようす。
選手の目からめらめらと燃える炎のような気迫が伝わってきた。

ひやひや：あやぶみおそれるようす、気がもめるようす。
9回の裏、満塁、このまま逃げきることができるか、ひやひやしながら見ている。

● 作文テーマ 「私とスポーツ」（実況中継しているつもりで…）

1. 好きなスポーツ
2. スポーツとの出会い
3. スポーツによって得たもの
4. これからの希望

日本人はスポーツ好き

　財団法人余暇開発センターが、日本のスポーツとのかかわり方を調べ、結果をスポーツライフ白書」として出版した。スポーツを「する」「観る(観戦)」「視る(視聴する)」「読む」「支える」「話す」の6項目に分類して指標化。スポーツが今や私たちの生活に広く入り込んでいることをうかがわせる内容となっている。調査は96年8月から、全国の18歳以上の男女3,000人を対象に行い、80.8％から回答を得た。

する　スポーツをしている」と答えた人は75.7％(男82.5％、女69.1％)に上った。競技別では、「ボウリング」が男女ともトップで、年齢別でも10代から40代までの1位を占める人気ぶり。低料金で、多数でも楽しめるのが人気のようだ。男女差が顕著に出たのが、「コースでのゴルフ」。男では2位に入ったが、女では「練習場でのゴルフ」が9位に入っただけだった。

観る　サッカーを見にフランスまで出かけるようになった日本人だが、「よく観戦する」のは、身近なスポーツである「運動会」が15.9％とトップに。次いで「プロ野球」の15.6％、「Jリーグ」の5％の順となった。

視る　スポーツをテレビなどで楽しんでいる人は、男では95.2％、女で86.9％と高い数字が出た。一度見始めたらやめられない高校野球、マラソン・駅伝の1.9時間を最長に、一日の平均視聴時間は1.2時間だった。

読む　新聞のスポーツ欄、スポーツ紙などを読む時間は一日平均24分と出た。男ではスポーツ紙のファンが多く、30代から50代までの5割を超える人が「読んでいる」と答えた。

話す　男で80.6％、女で72.1％の人たちが「スポーツを話題にしている」。長野五輪、サッカーW杯があった年のデータがまとまれば、もっと高い数字になるはず。1回当たりの会話時間は17.5分。

　※ 助詞などの発音に注意して読んでみましょう。

Free Talking

1 するスポーツは？
 （日本人は ① ボウリング ② 体操 ③ ウォーキング ④ 自転車 ⑤ ジョギング
 ⑥ プール ⑦ ゴルフコース ⑧ ゴルフ練習所 ⑨ スキー ⑩ フィッシング）

2 観戦するスポーツは？

3 テレビでみるスポーツは？

4 スポーツ新聞の楽しみは？ 役割は？

5 スポーツについて、どんなことを話題にしますか。

6 スポーツの秋、どんなことに挑戦するつもり？ どんなことをしたことある？

7 過去こんなことが話題になったということを思い出し、懐しがってみよう。

8 韓国においてのスポーツ設備について。

9 どんなスポーツを発展させたいか。

10 オリンピック、ワールドカップに向けて。

43 究極の癒しをさがして

● 発音してみましょう。

イライラ：神経がとがって落ち着かないようす。
　　　　　<u>イライラ</u>した時には噴水のある公園で大の字になっ
　　　　　て青空を見渡すのがいい。

そよそよ：風が軽く静かに吹くようす。
　　　　　<u>そよそよ</u>と吹く夏のそよ風、木陰で
　　　　　ぐっすり眠りたい。

のびのび：時間があり、気持ちもゆっくりとしているようす。
　　　　　<u>のびのび</u>と、またはゆったりとリラクゼーションを味わいたい。

うとうと：半分眠っている状態、眠くて眠りかけているようす。
　　　　　ハーブの香りをかいでいると昼間でも<u>うとうと</u>とまどろんでしまう。

> 作文テーマ　「現代の癒し文化」
> 　　　　　（「癒し（ヒーリング）」について論理的に話してみよう！）
>
>   1. 「癒し」について
>   2. 癒す方法のいろいろ
>   3. 歴史の中での癒し
>   4. 現代人は何故癒されねばならないのか。

香りで安らぎ

　夢を見ていた。一面の緑の野原、澄んだ青い空。寝転んで新鮮な空気を胸いっぱいに吸うと、気分が晴れ晴れとしてくる。起き上がって歩こうとしたら、転んで目が覚めた。自宅のベットにいた。洗面所で子供たちの声がする。いつもの朝が始まったが、今日の気分は違う。久しぶりに熟睡して気持ちがすっきりとしていた。夢のせいなんだろうか。でも、なんで夢を見たのだろう…。

　文京区小石川でアロマセラピーの店「いやしのサロン」を開いているCさんがハーブの不思議さを感じたのは十年前のそんな朝だった。独身の頃、Cさんは議員秘書を務めていた。最も悩まされたのが、たばこの煙だった。煙から逃げたくても、むやみに席は離れられない。帰宅して着替えると、においが服に染みついている。すぐに髪を洗った。ある日、せきが止まらなくなり熱が出た。頭痛に悩まされ、いろいろな病院に通ってみても治らない。いつしか鎮痛剤を放せなくなっていた。ハーブティーを飲んで夢を見たのは、そんな時だった。ハーブの成分に含まれている「香り」が体や心に影響を与えているという。本を買い込み、都内で開かれている勉強会に参加してみた。こんな物で本当に治るのだろうか」。半信半疑で始めた勉強だったが、ハーブの世界は知れば知るほど不思議だった。気分を和らげてくれたり、疲れた心を癒してくれたり、種類によって効果が違う。いつしかCさんは主婦の趣味を越えるほどの知識と経験を蓄えていた。へそくりをためた資金を元手にハーブの店を出した。

　Cさんが勧めるハーブは、活力の必要な朝は強壮作用のある「ローズマリー」。静かに眠りたい夜は鎮静作用を持つ「ラベンダー」。乾燥させたハーブを、お茶にして飲むだけではなく、数滴のハーブオイルを首筋に塗ることもある。殺菌作用のある「ティートリー」というハーブのオイルは水で薄め、うがいをすると、せきやのどの痛みに効果があるという。「お母さんが外出前の子供の服に、一滴のハーブオイルを染み込ませておくだけで、子供の気分も違ってくるものです」と…。

※ 助詞などの発音に注意して読んでみましょう。

Free Talking

1. あなたの好きな香水について知ってることありますか。好きな香りは？

2. においで不快感を感じたことありますか。

3. タバコは好きですか。やめたいですか。

4. コーヒー、紅茶、お茶は好き、嫌い？

5. どんな時、異性のにおいに引かれますか。

6. あなたはどんなところでぐっすり眠ってみたいですか。
   （自分のへや、トイレ、浜辺、芝生、森林、屋根、屋根裏部屋、駐車場…）

7. 安らぎを感じるのはどんな時ですか。

8. 何をしている時、気分爽快ですか。

9. 異性と踊るのは好きですか、嫌いですか。

44 何処に潜んでいるかわからぬ恐怖

● 発音してみましょう。

おろおろ： 驚き・おそれ・悲しみなどであわてるようす。
　　　　　激しい火の手におろおろとするばかりだった。

ぞっと： 恐怖で体がふるえる感じのするようす。
　　　　昨日の夜のできごとを思い出すだけでぞっとする。

はらはら： ひどく心配して気を使うようす。
　　　　　ジェットコースターは出発寸前、はらはら、どきどきするから最高だ。

びくびく： 何かをこわがっているようす。
　　　　　暴力団の圧力にびくびくしていては正しい政治など実現しない。

● 作文テーマ　「私の恐怖体験」（声の大きさ・抑揚を変えて話してみよう。）

1. どんなことが怖いか？
2. 心臓が止まるほどだった理由
3. 怖いものを知らなかったから
4. 怖さから学んだこと

私が恐怖を感じる時

■想像力が冴え過ぎて
　一人で寝ていると、暗やみにあの音が響く。チクタク、チクタク…。聞いているうちに「あの時計は生きているんじゃないか？」と思っちゃうんです。でも、翌朝、起きると「時計がチクタクなるのは当たり前かあ」。夜のことがまるでウソのように思え、すぐに終わってしまう情けない恐怖なのでした。
　ホラー映画を見た後、部屋の中に一人でいる時。窓が突然、揺れたりすると、びくっとして外を見る。誰もいない。すごい怖い。あっ、また窓が…。犯人は風だった。でも、「リング」のビデオを見てしまった時は本当に怖かった。見終わってお風呂に入ったのだが、換気孔に誰かがいるような気がしてならない。心臓の鼓動はしだいに高まってくるし、体もろくに洗っていないのにお風呂を出てしまった。

■歳月の『重み』
　数年前、小学生のころから好きだった某マンガ家の作品展に出かけた。原画などの展示物」一つ一つを丹念に見て回っていたら、美しい少女がこちらを見て微笑んでいる絵に目がとまった。懐かしさを感じたが、キャラクター名が分からない。よく見てみると…大好きだった作品の主人公！ 当時のことを思い出し嬉しくなったが、何だか変！？ あの頃、この主人公は私の憧れのお姉さまだったはずだ。ところが、今は私より、うんと若い少女になっている。そうです、マンガの主人公は年をとらないけど、読者の私は…。そう思い当たった瞬間、その場で固まってしまった。

■ダイエット
　毎日のように主人は「ダイエットしろ」と言う。「痩せたら、きっとかわいいよ」(今は、かわいくないのか)。「お前に惚れ直す」(もう惚れていないってことか)「結婚詐欺師」(意味不明)。「体重不満足」(もはや日本語ではない)。息子は私を励ましているつもりなんだろうが、「お母さん。悔しかったらダイエットしてお父さんを見返して」と、ダイエットをさせようという本音が丸見えだ。「よーし、今年の夏までに10キロ弱(この『弱』というところが、すでに弱気)痩せてみせる」と見栄を切ったまでは良かったが、主人は「痩せなかったら離婚だ」と言い出した。もし、離婚への恐怖を感じて神経質になったら痩せられるかもしれないが…。

※ 助詞などの発音に注意して読んでみましょう。

Free Talking

1. あなたが恐怖を感じる時。

2. 恐怖から逃れるノウハウ。

3. こわいものベスト３。

4. のろいは信じますか。

5. ホラー映画はどんな影響があるか？

6. 一週間の命、と宣告されたら？

7. すごみのある人ってどんな人？

8. 肝だめしの方法。

ヒュ〜ドロドロドロ恐怖のはじまり…

45 プライベートの区域を与える

● 発音してみましょう。

ごちゃごちゃ：多くのものが無秩序に集まっているようす。
　　　　　　　本が<u>ごちゃごちゃ</u>に並んでいるが、当の本人は何が何処にあるか分かる。

くしゃくしゃ：紙、布などがしわだらけになっているようす。
　　　　　　　<u>くしゃくしゃ</u>にまるめたハンカチを涙ぐんでる彼女に差し出す。

めちゃくちゃ：ひどく壊れたようす。
　　　　　　　デートなのに突風のいたずらで髪が<u>めちゃくちゃ</u>になってしまった。

でこぼこ：物の表面にある凹凸。または凹凸のある状態。
　　　　　タマゴのパックの<u>でこぼこ</u>をうまく使ったアートが際立って美しく見える。

> 作文テーマ　「プライベートの環境作りで大切なこと」
> 　　　　　　（会話の中でタブー視されてることを考えてみよう。）
>
> 1. 私の好きなこと
> 2. 他人と私との違い
> 3. 一人にならないためには……
> 4. 社会生活で大切なこと

子供部屋の見直し

日本ではほとんどの家に子供部屋がある。カギ付きでテレビまである立派な個室も珍しくないが、日本の子供部屋は世界的に見るとかなり特異な存在だ。戦後、急速に普及した子供部屋が親子のコミュニケーションを閉ざし、時に非行の温床になったと見ることもできる。

「私たちは、新しく建てた家に暮らす家族が、本当に幸せになったかのように思えました。しかし特に子供部屋が一般化されるにつれて、子供が部屋に閉じこもり、親子とのコミュニケーションがとれないなどの問題が出てきました。最近目立つ子供の非行に、住居の影響はないだろうかと反省させられます。」

大邸宅などにしか見られなかった子供部屋が、一般のサラリーマン家庭などにも広まったのは戦後。高度成長期の1960年代ころから、受験戦争に必要という事情もあり、急速に普及した。住宅メーカーのミサワホームが1998年、子供のいる339世帯に聞いたところ、95％が「子供部屋がある」と答えた。

「戦後、多くの日本人はテレビドラマに出てくるアメリカの広々した家を夢見ていました。そこには子供部屋（アメリカの子供部屋は主に夜ベッドに入るための寝室）が必ずあり、日本では受験に勝ち抜くための勉強部屋という孤独なスタイルになりました。」

親は落ち着けるようにとドアにカギを付け、気分転換になるからとオーディオ機器からテレビ、果てはシャワーまで備えたホテルのような部屋もある。限られた土地に建てるので、親と顔を合わさず、玄関から直接子供部屋に入るような設計も広まった。これでは親子のコミュニケーションもむずかしくなるのは当然である。

家庭内暴力や不登校の小中高生を持ち、悩んでいる親約60人にアンケートをした。その7割の家が、親のいる場所を通らず、子供部屋に直行できる間取りだった。いつでも自分の部屋に逃げ込め、テレビゲームなどで一人で好き放題楽しめる。わずらわしい人間関係もない。そうした空間になじんでしまったことが、不登校や非行の増加などに結び付いている面もあるのではないか。最近の少年犯罪でも子供部屋の密室化で親が気づかないでいたケースが目立つのが心配である。

かつて伝統的な日本家屋では、子供の顔が見えないということはなかった。それは障子やすだれなど間仕切りが柔軟で、全体が一つの大きな部屋のような家だったからである。そこでは家族はいつも顔を合わせ、いい意味で遠慮し合って暮らさないといけなかった。他人への細かな心づかいや、社会的マナーを自然に学ぶ場にもなっていたはずである。

※ 助詞などの発音に注意して読んでみましょう。

Free Talking

1　受験生がいたら、どのようなことに気を使いますか。気を使って欲しいことは？

2　子供たちに門限、寝る時間は決める方がいいか。

3　朝食は必ず取るべきか。家族そろって取るべきか。

4　夕食の時間にテレビを見てもいいか。

5　子供部屋が散らかっていたらどうすべきか。

6　子供部屋の必要性は？

46 変化、発展と衰退

● 発音してみましょう。

ぐんぐん： 物事が盛んに進むようす。
家庭教師のおかげで成績はぐんぐん伸びた。

めきめき： 目に見えて良くなる、進歩するようす。
真のラーメンを作るために日夜修業を重ね、めきめき腕を上げた。

じわじわ： 少しずつ、しかし休みなく変化しているようす。
物価の高騰がじわじわと家計をしめつけ始めている。

みるみる： 見ているうちにどんどん状態が変わるようす。
目の前の風船がみるみるうちに膨らんだ。

● 作文テーマ　「十年前の自分、十年後の自分」（極端に大げさに話してみよう。）

1. 今の私
2. 十年前の私
3. 十年後の私
4. 私にもたらされるもの

時代により変わる人気ある職業

アメリカにはなんと2万3千5百59種の職業があるという。その中にはベットの柔らかさを調べるため、一日8時間ずつ素足でマットの上を踏んだりする『マットレスウォーカー』や、街とか地下鉄の広告モデルに登場した美人たちの顔に、おもしろおかしく描かれたひげを消す『ひげ消し』という職業もある。どんどん社会が多様化されながら職業もそれだけ細分化されているのである。職業が現れては消えて行く周期も早くなった。

我が国でも92年に比べ、バス案内員やタイプライターなど10の職業が消え、コンパニオン、ペット美容師など新たな職業が17も誕生した。このように職業のブームの周期が早くなったのは、わずか百年足らずのことである。20世紀以前には今のように職業の種類が多くはなかった。

それにしても、時代と地域によって人気のある職業は大きく変わっている。ともかくギリシア時代にはソクラテスやプラトンみたいな哲学者が人気を呼んだ。彼らは人間の人生と政治について講演し、民たちを教え導いた。ポエニ戦争(紀元前3世紀から紀元前2世紀)でひどく苦しめられたローマでは、軍人が憧れの職業であった。大きなコロセウムと大型の記念碑などを作る建築家と、来る日も来る日もローマ人の戦争英雄談と人生の哀歓を歌う演劇俳優も人気を呼んだ。9世紀アッバース王朝のアラビア人たちは、船に乗って航海し、新しい風物や文化に接するのが夢だったので、木を伐採する木こり、木で船を建造する大工、船を操縦する航海士が青少年たちの希望の職業であった。インドでは医者がもてはやされたが、それは十字軍戦争でうじゃうじゃするほど負傷者が出たからである。チンギスハンが建てたモンゴル帝国が猛威を奮った13世紀には、天文学者が有望な職業であった。商人たちが広大な大陸を横断しようとすれば、天候を先に知らなければならないからである。一方、陶磁器文化が栄えた明国の時代では、陶工がナンバーワンに数えられた。この時植民地拡大に血眼になっていたスペインでは、野獣と闘うとか風土病と一生懸命闘いながら、開拓地の地図を描く地図製作者が人気を呼んだ。17世紀清国の時代は、皇室図書館がなにしろ膨大で司書が有望な職業であったし、フランスのルイ14世の時代にはチョコレートが愛され、製菓社が人気を呼んだ。

18世紀の産業革命以後、急激に社会が移り変わりながら、一遍にわんさと職業が誕生したが、現代の我が国には1千2百37の職種があり、1万1千5百余りの職業がある。これからは余暇産業が発達しながら、宴会専門家、旅行企画家が人気を集め、イメージ・コンサルタントとイラスト・レーターなど、アートを重んじる職業が見込みがあると思われる。その他、コンピューター・ゲームのシナリオ作家、職員応援専門家、公認アルコール中毒治療師などの職業も登場することであろう。

※ 助詞などの発音に注意して読んでみましょう。

Free Talking

1. 最近の日本の小学生に人気の職業は、『大工』です。どう思いますか。

2. 懐かしい職業をあげて、何が良かったか、何が悪かったか考えてみよう。

3. 男と女が替わったらいいと思う職業をあげてみよう。その理由は？

4. ホットなニュービジネス。何かありますか。

5. 今、社会をにぎわしている職業は？ なぜ騒がれるのか？

6. 仕事で楽しむ方法ベスト5。その理由は？

47 スピード時代のサラリーマン

● 発音してみましょう。

のろのろ：人やものの動きが遅いようす。
家族ぐるみで避暑地へ行くのはいいが、
のろのろ運転はたまったものじゃない。

あくせく：時間や気持ちに余裕のないようすで懸命に働いたり
しているようす。
24年間、毎日毎日あくせく働いて残ったものは何
だったのだろう。

おちおち：落ち着いてことができないようす。（うしろに否定形をともなう）
ライバル会社のことを考えるとおちおち眠ってられない。

うかうか：ぼんやりと不注意な状態でいるようす。
部下はコンピューターができる。上司としてうかうかしていられない。

> 作文テーマ 「てきぱきと仕事ができる環境」
> （時間の使い方と人の性格を照らし合わせてみよう。）
>
> 1. ゆとりある時間とは……
> 2. 息が詰まる時は……
> 3. さぼりたくなるときは……
> 4. 快適な環境とは……

若さをかけてアイディアで勝負

ソウル東大門の衣類商店街にあるレディー服専門店といえば二坪余りに過ぎず、広さはその辺にある店とあまり変わらないが、売り上げはよく名の知られた中小企業も顔負けである。大邱、光州など全国に12チェーン店があり、仁川、木洞にも直営店がある。一日平均400着あまりの服が作られ、全国にまかれ、一日の売り上げが1千万ウォンを超える時もあるという。英文学を専攻したが『服作りがとても大好き』なので衣類デザイナーに変身したその店の主人の歳は31歳。彼女は一週間に二度や三度、工場で夜を更かし、明くる日には朝8時から生地を選ぶという強行軍を続けるのである。好きだからこそ、それに自分の仕事をやっているという生き甲斐から、今日も夜明けから東大門一帯を渡り歩いているのである。

最近の韓国経済の話題はどうしたって『証券』と『ベンチャービジネス』である。どこでも数人集まれば『誰々が証券投資で現金をいくら儲けたって』という話が自然に出て、立ちどころに話題が固定されてしまう。オバサンたちの間では『証券・契』というのもできたという。KOSDAKという場外証券市場で株価が年始に比べ数十、数百倍以上にも急騰した企業が次々と現れ、20〜30代の若者たちがにわか成金になった。このため大企業や大学で、コンピューターとかインターネット、半導体など先端電子情報分野に携わってきた若者たちは、猫も杓子も担ってきた研究をやめ、ベンチャー企業家を自ら買って出ている。

ところで落ち目の産業といわれている繊維業が、いきなりベンチャー産業として変身したのが、この東大門商店街である。今、東大門には成功を夢見るデザイナー、事業家の数だけで数万人が集まっている。本来、ベンチャーというものは『人間』によって左右される。ベンチャーというのも『素手でアイディア(あるいは技術、感覚、他人と違うところ)を勝負して若さをかける』というのが大事なのだ。必ずしも業種が問題になるのではない。インターネットじゃなくても、小さな靴店やパン屋でも、社長のマインドと運営方式によってはベンチャーに成り得る。歳も問題にならない。奇抜なアイディアと若い血がたぎる人たちよ、21世紀にはベンチャー企業家に目を向けてみよう。

※ 助詞などの発音に注意して読んでみましょう。

Free Talking

1. 成功した話をしてみよう。

2. 時間が足りないと思った時は？

3. 時間がありあまった時は何をしますか。

4. 奇抜なアイディアはどこから生まれてくるのか？

5. あなたの好きなことは？ 好きな分野から奇抜なこと考えたら？

48 嘘でもいいから自慢してみよう

●発音してみましょう。

しっとり：少し湿り気があるようす。
　　　　　この歳でこのしっとりした髪の毛を持ってる
　　　　　なんてまだまだ若い証拠だわ。

ういういしい：純真、
　　　　　ういういしい花嫁姿を見ると
　　　　　我知らず心が躍り出す。

らくらく：難しいと思われることも簡単にできてしまうようす。
　　　　　彼はどんなコンピューターのトラブルもらくらくと解決してくれる。

ぺらぺら：速く上手に話すようす。
　　　　　ヨーロッパに20年住んでいた彼は今では五ヶ国語がぺらぺらだ。

> 作文テーマ　「自分を正直に褒める」
> 　　　　　（のろけ話OK！人に不快感を与えてもカバーできるように…）

1. 私の理想像
2. こんな時はたまに傷
3. 今、努力していること
4. 私の将来

私の自慢

● **恋人気分の両親** … 母はいつも私に旦那自慢をする。「結婚するなら、パパみたいな人を捕まえなさいね。でも滅多にいないでしょうけど」と。私も20歳になったので、父と2人で飲みに行きたいと話すと、「彼氏と行けばいいでしょ。パパと2人で行くなんて、ダメったらダメ」と怒る。娘にライバル心を燃やしてどうすんの、と思うが、正直言ってうらやましい。ママに甘いパパ。娘たちに遠慮もせず、さりげなく手をつないで前を歩いてしまう2人が、私の自慢。いつまでも、恋人同士でいられる夫婦は、私の憧れ。ママに負けずに、パパみたいないい人をゲットするぞ。

♀・大1・東京

● **完全無欠の親友** … やはり、私の親友です。頭はいいし、絵も上手だし、性格もバッチリです。もう言うことなしの、とってもいい人なのです。私の親友にはもったいないくらいです。でも、そんな親友ともけんかをすることがあります。原因を作るのはいつも私…。そんな私に、親友はいつも優しくしてくれるのです。これからもヨロシク！

♀・中1・千葉

● **かわいすぎて** … 声がものすご〜くかわいいことです。お聞かせできないのが残念なのですが、この声のお陰で、セールスの電話にもつかまったことがありません（「お母さんいまちゅかあ？」などと、私を何歳だと思っているんだ!! と言いたくなるような対応をされます）。悩みとしては、2歳の息子をしかっても私が怒ってるんだということが伝わらないことです。真剣にすごんでみせても、この声のために台無しです。何か良いしかり方はありませんかねえ。

主婦・32

● **悪口を言わない** … 他人の悪口を言わない家族を持っていること。父、母、高校1年の弟、私、みんなが他人の悪口や批判をしません。「短所だと思っても、他の人から見れば長所だったり。少し角度を変えてみると、うらやましく思うこともあるでしょ」とか、「だれにでも良いところはあるのよ」と口癖のように言っていた母の影響もあるのかもしれません。そう言われてみると、なるほどと思うし、嫌なことがあっても大目にみられるようになるものです。

♀・高1・二

※ 助詞などの発音に注意して読んでみましょう。

Free Talking

1. 家族の自慢をしてみよう。

2. あなたのふるさと、あなたの国を自慢してみよう。

3. あなたのチャームポイントは？ 隣の人のチャームポイントは？

4. 得したこと。損したこと。

5. 我が母校紹介。我が社紹介。我が社の商品紹介。

6. 趣味自慢をして、お薦めのところを紹介しよう。

7. 私のモットー、座右の銘を紹介してください。

8. あなたにとっての大切な人、大切なものを紹介してください。

9. 自分が強運の持ち主だと感じたことはありますか。

10. 人と比べ、あなた自身に感心したこと。

49 ものを大切にすることから生まれるレトロ

● 発音してみましょう。

ぼろぼろ： ものが破れたり壊れたりしているようす。
　　　　　ぼろぼろの傷だらけの車だが、一つ一つのへこみが私を守ってくれた勲章だ。

くたくた： 布や紙などが使い古されて形のくずれたようす。
　　　　　くたくたのバーバリーだが、年季が入っていて趣がある。

てかてか： 油のついたものなどが光るようす。
　　　　　木製の家具をワックスでてかてかに磨き、居間においている。

作文テーマ　　「韓国と日本」（共存共栄の社会を考えてみよう。）

● 作文テーマ　　「温故知新」（コラムを書いてみよう。○○字数。）

1. 流行について
2. 懐かしく感じるもの
3. 思い出となるもの
4. 古いものから新しいものを知る

文明の利器

　原稿を関西から東京に届ける場合、ファックスがなかった頃の一番早い方法は新幹線便だったらしい。新大阪駅あたりで車掌さんか誰かに預けて、それを東京駅で編集者が受け取るのだという。私の家にファックスがついたのは1988年、それから数年経ってワープロも買った。原稿用紙に文を書くのが、昔から私にはどうも苦手だった。訂正箇所の書き込みで升目の中のみならず、欄外までもが赤文字や矢印でどんどん汚れていく。自分の下手な書き文字も気にいらない。肝心の内容よりそんなビジュアル面が気になって、升目を埋める気持ちが進まなくなるのだった。ワープロを買い、ひらがな変換で初挑戦し、はかばかしくいかず、しばらく放っていたところへ、知人から「だまされたと思ってローマ字変換でやってみろ」と忠告をうけ、しぶしぶやってみたら、世界が簡単に開けていった。今もこの文章をワープロのローマ字変換で作っている。「削除」「移動」「挿入」などのキーを駆使して仕上げ、欄外の書き込みもないきれいな原稿を、統一のとれた明朝体で打ち出す。後はファックスで大阪から東京に送信すると完了する。古い言い回しになるが、さすが文明の利器だけのことはあると、私はこのふたつの機械に感謝している。しかしワープロが普及してから、「字を書かなくなったので漢字を忘れてしかたがない」という日常の話題を、まわりで多く聞くようになった。このことと関連して、西洋人の書き文字の壮絶なまでの下手くそさ加減のことを思い浮かべる。アルファベットはたったの25文字。タイプライターを発明するのにはまことに有利な文字のシステムである。タイプライターは急速に普及し、それとともに、おおげさに言うなら西洋人の「書き文字」忘却の歴史も始まった。実際、私の家のファックスに送られてくる西洋人の書き文字が、満足に判読できたためしがない。ワープロとともに、日本社会でも欧米なみに、「漢字」を失い、また「書き文字」を忘れていく歴史がいよいよはじまったと言えるのかもしれない。こんなふうにいうと、古き良き文化が消滅していくような気配があって、なんだか悲観的色調をおびてくる。しかし個人的には私はわりと前向きな気分なのである。最近私は、これまではまったく関心のなかった毛筆による書」をやりだした。原稿用紙を使っていた頃には、文字の内容と、書き文字による原稿のビジュアルな美しさの両方に気配りが必要で、気持ちが混乱してしまっていた。だがワープロのおかげで、今では文章内容と、書き文字のビジュアルとを分離して考えられるようになった。ワープロで、思考をしっかりまとめておきさえすれば、精神的安定が得られ、「昔」という文字の視覚的世界にも気持ちを集中させる余裕が生まれてくる。新しい発明のなかには古いものを知る糸口があるようだ。それを私は、「温故知新」ならぬ「温新知故」と名づけている。

　※ 助詞などの発音に注意して読んでみましょう。

Free Talking

1. 何でも長持ちさせる方ですか。

2. 『文明の利器』と呼ばれるものは何でも手に入れたいですか。

3. 昔のものに何を感じますか。

4. あなたにとって『漢字』って何ですか。

5. 大切に使うことにより、何を得ることができますか。

6. 自分自身を長持ちさせていますか。

50 韓国と日本を比較する

● 発音してみましょう。

どっしり：重いようす。
　　　　　どっしりとした図体の持ち主の力士たちが女性
　　　　　に好かれるのが不思議である。

ぎっしり：すきまなくいっぱいに詰まっている
　　　　　ようす。
　　　　　きめ細かにぎっしり詰め込まれた
　　　　　陳列台を見ると芸術性すら感じる。

しこしこ：食べ物に弾力があり、歯ごたえがあるようす。
　　　　　こしのあるしこしことしたそばが本場の日本の味である。

ぴりぴり：辛みで口の中が強く刺激される感じ。
　　　　　ぴりぴりと辛い韓国料理を食べれば風邪も吹き飛ぶ。

> 作文テーマ　「韓国と日本」（共生共栄の社会を考えてみよう。）

1. 私の国、韓国
2. 私の国、日本
3. 現在までの両国関係
4. これからの両国関係

小さいものは美しい

「…雛(ひひな)の調度(てうど)。蓮(はちす)の浮き葉のいと小さきを、池より取りあげて見る。葵(あふひ)の小さきも、いとうつくし。何も何も、小さきものは、いとうつくし。」(人形の道具類。蓮(はす)の浮葉のごく小さいのを、池から取り上げたの。葵(あおい)のとても小さいの。何でもかんでも小さいものは皆かわいらしい。『枕草子(まくらのそうし)』清少納言(せいしょうなごん))

　日本の古典に出てくるこの題目は日本と日本人の「小さいもの」に対する執着について一言で言い表している。80年代初め、日本で発刊され旋風をまき起こした話題作、李御寧(イーオリョン)さんの『縮み志向の日本人』は、その「小さいもの」に対する日本人のこのような執着について分析し、守ろうとしている方向性を提示した本だ。この本は日本の知識人社会にまで、大きく一石を投じることになり、彼らが「縮み志向」を捨てて「拡大志向」に転換していくことは自己否定であり、つまりは隣国を傷めつけ自国を破滅させることになるということに目覚めたからである。終戦から10年足らずの1955年、小さくてかわいい日本製のトランジスターが、またたく間に(破竹の勢いで)世界市場を占領しながら、経済市場に躍り出る手はずを整えることができたのも、その頃ドゴール仏大統領が池田総理を指して"トランジスター商人"と呼んだのも、それとかかわりある象徴的意味があった。自国の発明品でもない「小さいもの」が日本を立て直したということになるのである。「小さいもの」が美しいだけでなく善の概念まで持っているとしたならば、「大きいもの」はそれと反対の概念を持っているということになるのかも知れない。例えば地球上の最も大きな屋敷は家屋床面積が2万1千㎡余りになるが、最も小さな家は4㎡を超えるぐらいだ。それに最も重い車は6tを超えるけれど9.5kgしかない最も軽い車もある。美醜はもちろんのこと善悪の概念においてもはっきり区別されている。日本人が最も多く住んでいるアパートは13坪、それにアメリカ、日本をはじめとする先進国で最も人気がある車が小型車というけれど、どうしたことか韓国はずっと「拡大志向」ばかり繰り返してきた。広々としたマンションと大きな車に乗ることは、すなわち身分を上げるという意味として考えられてきたからだ。最近になって小さなアパートに引っ越し、残りのお金を預金し、大きな車から小さな車に買い替える人が急に増えたけれど、このような風潮がどれぐらい続くのか誰も見当がつかない。拡大志向がつまり自己否定をする日本人にだけ当てはまる言葉ではないということだ。「小さいものが美しい」とは、基本認識として家、自動車はもちろん、消費までも減らすことにより、難しい世の中を生きていく知恵といえる。

〜韓国と日本について考える〜

※ 助詞などの発音に注意して読んでみましょう。

Free Talking

1. 最近感じてることは？

2. あなたは小さなものがいい、大きなものがいい？

3. 例をあげて話してね、小さくしたいものは？ 大きくしたいものは？

4. 大きいもので美しいものをあげてみなさい。

5. あなたにとって美しいものって何ですか。醜いものって何ですか？

6. 愛用しているもの。愛着のあるもの。愛しいもの。

第3章
チームに分かれて楽しくできる 討論・ゲーム用教材

51 民意を国政に反映させよう(1)

ポイント　国会議員の仕事は何なのだろうか？何かと政治献金など収賄事件や裏金工作による汚職事件など国民の期待を踏みにじってくれることが多いが、実は国民の代表として民意を国政に反映させ、また民主主義の基本である多数決の原則に基づき予算案を審議したり、様々な法律を決めることが主な仕事なのだ。日本の国会は参議院と衆議院とに分かれており、衆議院がより大きな力を持つ。衆議員の議席数は511で過半数を獲得した政党が与党となり、内閣を組閣して行政に携わる。

時　間　50分～90分

学習ルール
1. 与党と野党に分かれて山積みされた議題について討論する。
2. 自分の政党の意見を主張し、相手の政党の意見を批判する。
3. 面白くて、声が大きくて、日本語が正確なチームが勝ち。

準　備　雰囲気を出すために「○○議員」と書いたネームカード
「山積みされた議題」に関する情報

語彙表現　脱税　不動産投機　貧しい人　インフレが進む　風紀を乱す　贅沢
小遣い　人権　自主性が育つ　国民の意識を啓蒙　子供をおろす
堕胎　中絶する　母性本能　自由意志を国家で統制
足がすらっとしている　深夜営業　犯罪につながるおそれがある

国会討論①

誰もが幸せな生活を送りたいと思っているが、それを守るのが国家という単位だ。より健全で豊かな社会を築くために国民の代表として話し合ってほしい。

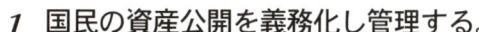

与党　　　　〈山積みされた議題〉　　　　野党

1 国民の資産公開を義務化し管理する。
2 アパートの価格を半分に引き下げる。
3 軽犯罪法を強化する。
　（ゴミのポイ捨て10万ウォンの罰金）
4 人口抑制政策として子供は一人までに産児制限をする。
5 若い女性はミニスカートを義務化する。
6 カラオケハウスの営業を全面禁止する。
7 すべての大学を卒業試験制度にする。
8 治安維持のため夜間外出禁止令をだす。

〈何でも賛成〉　　　　　　　　　　〈何でも反対〉

52 民意を国政に反映させよう(2)

ポイント 国会議員の仕事は何なのだろうか？何かと政治献金など収賄事件や裏金工作による汚職事件など国民の期待を踏みにじってくれることが多いが、実は国民の代表として民意を国政に反映させ、また民主主義の基本である多数決の原則に基づき予算案を審議したり、様々な法律を決めることが主な仕事なのだ。日本の国会は参議院と衆議院とに分かれており、衆議院がより大きな力を持つ。衆議員の議席数は511で過半数を獲得した政党が与党となり、内閣を組閣して行政に携わる。

時　間 50分～90分

学習ルール
1. 与党と野党に分かれて山積みされた議題について討論する。
2. 自分の政党の意見を主張し、相手の政党の意見を批判する。
3. 面白くて、声が大きくて、日本語が正確なチームが勝ち。

準　備 雰囲気を出すために「○○議員」と書いたネームカード
「山積みされた議題」に関する情報

語彙表現 貿易赤字　GATT（関税貿易一般協定）　APEC　保護貿易
お金の持ち出し　自分の身は自分で守る　正当防衛　悪用される
貧富の差　福祉政策の充実　統率力　国が安定する　内閣不信任案
総辞職　技術革新　労働意欲が削がれる　疎外　髪の手入れ

国会討論②

誰もが幸せな生活を送りたいと思っているが、それを守るのが国家という単位だ。より健全で豊かな社会を築くために国民の代表として話し合ってほしい。

Free Talking

議 長

〈山積みされた議題〉

与 党　　　　　　　　　　　　　　　　　　　　野 党

1. 外国製家電製品の輸入を全面禁止する。
2. アメリカのように拳銃所持を自由化する。
3. 男女平等を完全実現するため女性も軍隊を義務化する。
4. 犬の肉を食べるのを禁止する。
5. 遺産の50％を国が税金で没収する。
6. 大統領制を廃止して、議会内閣制にする。
7. 労働時間給料制にして貧富の差をなくす。
8. 女性の労働能率を上げるため短髪パーマを義務化する。

〈何でも賛成〉　　　　　　　　　　　　　　　　〈何でも反対〉

53 民意を国政に反映させよう(3)

ポイント　国会議員の仕事は何なのだろうか？何かと政治献金など収賄事件や裏金工作による汚職事件など国民の期待を踏みにじってくれることが多いが、実は国民の代表として民意を国政に反映させ、また民主主義の基本である多数決の原則に基づき予算案を審議したり、様々な法律を決めることが主な仕事なのだ。日本の国会は参議院と衆議院とに分かれており、衆議院がより大きな力を持つ。衆議員の議席数は511で過半数を獲得した政党が与党となり、内閣を組閣して行政に携わる。

時　間　50分～90分

学習ルール
1. 与党と野党に分かれて山積みされた議題について討論する。
2. 自分の政党の意見を主張し、相手の政党の意見を批判する。
3. 面白くて、声が大きくて、日本語が正確なチームが勝ち。

準　備　雰囲気を出すために「〇〇議員」と書いたネームカード
「山積みされた議題」に関する情報

語彙表現　所得税　消費税　相続税　苦学生　家庭教師　食器洗い
経済成長のシンボル　男性の心をひく　目で罪を犯す　深夜営業　売春
学歴社会　英才教育　密売組織　自由を束縛　肺癌　麻薬　ヒロポン
能率があがる　残業　楽をしたい

国会討論③

誰もが幸せな生活を送りたいと思っているが、それを守るのが国家という単位だ。より健全で豊かな社会を築くために国民の代表として話し合ってほしい。

Free Talking

議　長

〈山積みされた議題〉

与　党　　　　　　　　　　　　　　　　　　　野　党

1　消費税を5％から10％に引き上げる。
2　学生のアルバイトを禁止する。
3　私有財産制度を廃止する。
4　義務教育制度を撤廃する。
5　禁酒令および禁煙令を発令する。
6　国力増強のため労働時間を延長する。
7　観光赤字を減らす為に海外旅行を規制する。
8　風紀を守るために男性の長髪を禁止する。

〈何でも賛成〉　　　　　　　　　　　　　　　〈何でも反対〉

国会テレビ中継

さて、国民の皆さんの意見は？

54 たで食う虫も好き好き(1)

- **ポイント**　「たで」はタデ科の一年生植物で、川原・湿地に自生し、夏秋に紅緑の小花を穂の形に開く。くき・葉はからく、小苗は、さしみのつま用・食用。「たで食う虫も好き好き」ということわざは、からい「たで」の葉っぱを気に入って食べる虫もあるという意味から、好みは人によって違うということをたとえている。物質文明のおかげで、価値観が多様化し個性の時代を迎えている現代だ。それはそれでいいが、対立ではなく、よりよい価値観を目指してお互いに討論し合ってほしい。

- **時　間**　50分〜90分

- **学習ルール**
  1. AチームとBチームに分かれ、じゃんけんをして各項目ごとに好きなほうを選ぶ。
  2. 自分のチームの意見を主張し、相手のチームの意見を批判する。
  3. 面白くて、声が大きくて、日本語が正確なチームが勝ち。

- **準　備**　リーダーを決めてリーダーはメンバーの意見に「そうだ！」と応援する。
  ディスカッションの各項目に関する関連情報

- **語彙表現**　突然変異　ミッシングリンク　レディーファースト　男尊女卑　セクハラ
  お茶くみ　子育てに追われる　経済力　食費　補助　扶養家族　遺産相続
  後継ぎ　家系　合理的　儒教　文明　人種　体格　上司　部下　無礼講
  仕入れ　勤務時間　ファッション　被服費

ディスカッション①

●AチームとBチームに分かれて、それぞれ意見をぶつけあって先生が勝敗を決めます。

Free Talking

Aチーム
1. にわとりが先か？
2. 男が得か？
3. OLがいいか？
4. 子供を産まない主義がいいか？
5. 東洋人がいいか？
6. サラリーマンがいいか？
7. 南国に住むのがいいか？

Bチーム
卵が先か？
女が得か？
主婦がいいか？
子沢山がいいか？
西洋人がいいか？
トラックの野菜売りがいいか？
北国に住むのがいいか？

勝敗表	1	2	3	4	5	6	7
Aチーム							
Bチーム							

55 たで食う虫も好き好き(2)

- **ポイント**　「たで」はタデ科の一年生植物で、川原・湿地に自生し、夏秋に紅緑の小花を穂の形に開く。くき・葉はからく、小苗は、さしみのつま用・食用。「たで食う虫も好き好き」ということわざは、からい「たで」の葉っぱを気に入って食べる虫もあるという意味から、好みは人によって違うということをたとえている。物質文明のおかげで、価値観が多様化し個性の時代を迎えている現代だ。それはそれでいいが、対立ではなく、よりよい価値観を目指してお互いに討論し合ってほしい。

- **時　間**　50分～90分

- **学習ルール**
  1. AチームとBチームに分かれ、じゃんけんをして各項目ごとに好きなほうを選ぶ。
  2. 自分のチームの意見を主張し、相手のチームの意見を批判する。
  3. 面白くて、声が大きくて、日本語が正確なチームが勝ち。

- **準　備**　リーダーを決めてリーダーはメンバーの意見に「そうだ！」と応援する。
  ディスカッションの各項目に関する関連情報

- **語彙表現**　知的　はずす　手間がかかる　虫　広々としている　気分がすっきりする
  日光浴　日焼けする　独身生活　生意気だ　高齢出産　自立心　切れる
  つめこみ教育　厚化粧　カリスマ　ショートカット　亭主関白
  尻にしかれる　カカア天下　鬼のいぬ間の洗濯　大盤振舞
  一点豪華主義　一張羅　長持ちする

ディスカッション②

●AチームとBチームに分かれて、それぞれ意見をぶつけあって先生が勝敗を決めます。

Free Talking

Aチーム
1. メガネがいいか？
2. 旅行は山に行ったほうがいいか？
3. 結婚は早いほうがいいか？
4. スパルタ教育がいいか？
5. セクシーな女性がいいか？
6. 主人は早く帰ってきたほうがいいか？
7. 韓国人は贅沢か？

Bチーム
コンタクトレンズがいいか？
海に行ったほうがいいか？
それとも遅いほうがいいか？
放任主義がいいか？
それともボーイッシュな女性がいいか？
遅く帰ってきたほうがいいか？
それとも質素か？

勝敗表	1	2	3	4	5	6	7
Aチーム							
Bチーム							

56 緊急事態の時の人間心理を分析

ポイント 法律には「緊急避難」というのがあって、海で遭難して一人しか乗れない救命ボートに何人かが群がったときには、やむを得ず自分の命を守るために溺れた人々を見殺しにしたとしても、それは「正当防衛」と同様、無罪になる。人間はよっぽど信仰心の深い人じゃない限り、緊急事態の時には「生きるべきか？死ぬべきか？」などといった悠長なことは言っていられないだろう。だが事故・災難というのは、いつどんな形で私達の身にふりかかるかわからない。そんなことがないように気をつけたい。

時　間 50分〜90分

学習目標
1. 緊急事態の時の人間の心理について研究する。
2. 三角関係の時の人間の心理について分析する。
3. 文明社会と非文明社会との生活の違いについて話し合ってみる。

準　備 緊急事態の時に生き残った人たちの記録
「生存」に対する人間心理について書かれた心理学研究書

語彙表現 突き倒す　老い先短い　踏み倒す　気にしていられない　殴る蹴る
犠牲になる　やり残したこと　無条件に　頼りになる　下心がある
助かった　滝　洞窟　崖　断崖絶壁　農業　武器　水道　身を寄せ合う
追い払う　焼きもちを焼く　近親相姦

難破船

豪華客船「ムグンファ号」が世界中の王族、貴族、お金持ちを乗せて太平洋上にぷかぷか浮かんでいた。だが突然エンジンに故障が生じ船内はバカンス気分からパニック状態へ。人々は生き延びるのに必死だった。その中でボートに乗った二人の若い男女（あなた）がいた。二人は恐怖のあまり気絶していたが気がつくとエメラルドグリーンの小さな無人島に漂流していたのであった。

Free Talking

1. 救命ボートにあと一人しか乗れないが、船には老人とあなたと少女が残っていた。誰が乗るべきだと思いますか。

2. 他の救命ボートに男性が一人乗っているボートと女性が一人乗っているボートがあった。とっさにあなたはどちらに乗りこみますか。

3. こうして無人島へ着いたが、そこはとても美しいところで食べ物も豊富であった。あなたはここでまず何を始めようと思いますか。

4. あなたは日記を書きますか？あなたは化粧をしますか。

5. あなたのプロポーズの言葉は何ですか。嫌われたらどうしますか。

6. 十年の月日が過ぎて二人には娘と息子が生まれ、幸せだった。その時遠くに船が見えた。あなたはどうしますか。

7. ある日、一人の美女（ハンサムな男性）が漂流してきた。どうなると思いますか。

8. 30年の歳月が流れて、娘、息子が結婚適齢期になった。さてどうしたらいいのか。

57 聞き取りの実力を試そう(1)

ポイント 語学の勉強の三本柱と言ったら読解力と会話力、それに聴解力を身につけることだといえよう。読解はよくできるし、ある程度の日常会話は上手にできるのに、聞き取りになると何を言っているのか聞き取れないと言って自信をなくす人が多い。それは外国語を赤ちゃんのように耳で覚えたのではなく、活字を通して目で覚えたからだといえる。「億万長者ゲーム」であなたの聞き取りの実力を試してみよう！ 25のジャンルに通じたら、もうあなたは「物知り博士」間違いなし！

時 間 50分～90分

学習ルール
1. 4つのチームに分かれて、先生の質問に早く答える。
2. 正解のチームが次の質問のジャンルを選び、ゲームを進め、総合賞金額を競う。
3. 各質問に関連して話題を広げてもよい。

準 備 チーム別に小さな旗を準備すれば、教室の雰囲気もいっそう盛り上がる。賞金金額が書かれたおもちゃの札束などを準備するとよい。

語彙表現 JR　首都　拝啓　浮気　星座　らくだ　こぶ　繰り返す　飲み干す　横綱　関取　国境　滝　インフレ　加減　珍味　イエス　ブッダ　孔子　マホメット　原爆　非核三原則　人類　二酸化マンガン　水酸化ナトリウム

億万長者ゲーム①

1. 会社：JRとは何の略？
2. 音楽：ビートルズのメンバーで今いないのは？
3. 首都：ブタペストはどこの首都ですか？
4. 国家：世界で一番東にある国は？
5. 手紙：始まりは「拝啓」、では終わりは？
6. 文学：「戦争と平和」は誰が書きましたか？
7. 漢字：1+1=？ 何という漢字？
8. 浮気：ピカソは何歳で浮気しましたか？
9. 星座：夏に見えて冬に見えない星座は？
10. 韓国：今年は檀紀何年？
11. 動物：らくだはこぶだけで何日生きられる？
12. 歴史：「歴史は繰り返す」と言った歴史学者は？
13. 酒　：お酒を一回で飲み干すことを何と言う？
14. スポーツ：外国人で初めて横綱になった関取は誰？
15. 旅行：アメリカとカナダの国境にある大きな滝の名前は？
16. 数学：1+2+3+4+5+6+7+8+9＝？
17. 経済：インフレが進めばお金の価値は上がる？下がる？
18. 料理：ステーキの焼き加減はウェルダン、ミディアム、そして？
19. 珍味：世界三大珍味はトリュフ、フォアグラ、そして？
20. 娯楽：音楽と画面の指示に従って足を動かすゲームとは？
21. 宗教：イエス、ブッダ、孔子、マホメットの中で誰が最初に生まれましたか？
22. 健康：眠いときにはコーヒー、では眠くないときは何を飲むのがいいか？
23. 政治：日本の原爆に対する非核三原則とは「持たない」、「作らない」と何？
24. 宇宙：人類で初めて宇宙に行き「地球は青かった」と言ったのはソ連の誰？
25. 科学：二酸化マンガンと水酸化ナトリウムを加えると何が発生しますか？

お金があれば、何でもできる。
あなたも、このチャンスを生かせ

科学 200万	漢字 100万	歴史 400万	手紙 1000万	星座 500万
会社 300万	宇宙 200万	浮気 500万	国家 100万	酒 700万
動物 400万	韓国 600万	数学 800万	健康 300万	宗教 500万
料理 1000万	首都 200万	文学 100万	音楽 500万	経済 20万
珍味 600万	スポーツ 300万	政治 400万	娯楽 200万	旅行 900万

※ 解答は142pにあります。

58 聞き取りの実力を試そう(2)

ポイント　語学の勉強の三本柱と言ったら読解力と会話力、それに聴解力を身につけることだといえよう。読解はよくできるし、ある程度の日常会話は上手にできるのに、聞き取りになると何を言っているのか聞き取れないと言って自信をなくす人が多い。それは外国語を赤ちゃんのように耳で覚えたのではなく、活字を通して目で覚えたからだといえる。「億万長者ゲーム」であなたの聞き取りの実力を試してみよう！25のジャンルに通じたら、もうあなたは「物知り博士」間違いなし！

時　間　50分〜90分

学習ルール
1. 4つのチームに分かれて、先生の質問に早く答える。
2. 正解のチームが次の質問のジャンルを選び、ゲームを進め、総合賞金額を競う。
3. 各質問に関連して話題を広げてもよい。

準　備　チーム別に小さな旗を準備すれば、教室の雰囲気もいっそう盛り上がる。賞金金額が書かれたおもちゃの札束などを準備するとよい。

語彙表現　氷点　労基法　横浜　元日　焦げる　ワカメ　カキ　ニューヨーク　リバティ島　そびえ建つ　監督　長寿番組　焼却　猛毒　有機塩素化合物　ビタミン　バイリンガル　野手　寝たふり　狐　契約社員

億万長者ゲーム②

1. 文学：「氷点」は誰が書きましたか？
2. 政治：「労基法」とは何を短くした言葉か？
3. 記録：横浜のランドマークタワーは地上何階？
4. 習慣：元日に掃除をしてはいけない理由は？
5. 生活：焦げた食パンの利用法は？
6. 都市：アメリカの首都は？
7. 即答：トマトを反対に読むと？
8. 暦　：11月は何日まであるか？
9. 韓国：韓国で必ずワカメを食べるのは何の日？
10. 健康：カキは「海の何」と呼ばれているか？
11. すし：すし屋で使われる「なみだ」とは何のこと？
12. 建物：ニューヨークのリバティ島にそびえ建つ像とは？
13. 映画：黒澤明監督の映画のタイトルは「七人の？」か？
14. 違反：競技成績を上げるため薬を使うことを何と言う？
15. 歌　：毎年大晦日にNHKで放送される歌の長寿番組は？
16. 行事：2月の節分には「鬼は外」と言いながら何をまく？
17. 環境：ゴミ焼却時に発生する猛毒性の有機塩素化合物とは？
18. 栄養：ビタミンAやBなどのA、Bは何から名付けたものか？
19. 通訳：二か国語が話せることをバイリンガル。では多国語は？
20. 人物：野手としては日本人で初めて大リーグに入団したのは？
21. 鉄道：成田空港から上野駅まで1時間で行ける急行列車は何？
22. 歴史：青少年に限って働きながらの観光旅行を認める制度とは？
23. 言葉：'Fox Sleep'とは寝たふりの意味だが日本語では狐ではなく何の動物？
24. スポーツ：サッカーで一人の選手が一つの試合で3点以上とることを何と言う？
25. 会社：日本のある会社で契約社員として犬が働いているがその仕事は？

お金があれば、何でもできる。
あなたも、このチャンスを生かせ

習慣	都市	歴史	即答	暦
200万	100万	400万	1000万	500万
通訳	鉄道	言葉	会社	韓国
300万	200万	500万	100万	700万
栄養	記録	環境	健康	すし
400万	600万	800万	300万	500万
人物	歌	文学	行事	建物
1000万	200万	100万	500万	20万
生活	スポーツ	政治	違反	映画
600万	300万	400万	200万	900万

※ 解答は142pにあります。

59 現代は「雄弁が金」の時代！

● ポイント　「なかなか日本語が上手になれない」という相談をよく学生たちから受けるが、文法がよくわかっていて、文型練習がよくできて、なおかつ表現や単語をたくさん知っているにもかかわらず、日本語が上手ではないというのは、日本語会話の実力の問題というより、国語力の問題と言える。西洋のことわざに「沈黙は金、雄弁は銀」というのがあるが、国際情報化の社会では黙っていたのでは踏みつぶされて歯がみをするだけだ。「雄弁大会」であなたの日本語会話の実力を更に磨こう！

● 時　間　50分

● 学習目標
1. 日本語が正確で大きな声でおもしろく話ができるようになること。
2. 自分の体験をふまえて話ができるようになること。
3. 聞いている人にもわかりやすいように「起・承・転・結」で話をまとめる。

● 準　備　テーマに関する予備知識

● 語彙表現　いやらしい　おかしな声　豊かな家庭　貧しい家庭　二重まぶた　しわ　鍵っ子　ペーパードライバー　人工添加物　オカマバー　寝たきり老人　思い出　利害関係　結婚しない女　ローンを組む　寄り添う　出来心　鍵をこじ開ける　つんとしている　何不自由ない　気遣う　購買力をそそる　我慢　夜泣き　カンニング　情報提供

雄弁大会

● 人間は言葉を使う存在だ。東洋では「以心伝心」が美徳とされているが、国際社会は交渉力が必要とされる。短い時間でおもしろく、相手を感動させる理路整然とした雄弁力を身につけよう。

◆ 円の中心に鉛筆を立てて倒れた所のテーマでスピーチをしてください。

・初級2分　　・中級3分　　・高級5分

△ 審査基準 △
① おもしろい
② 声が大きい
③ 日本語が正確

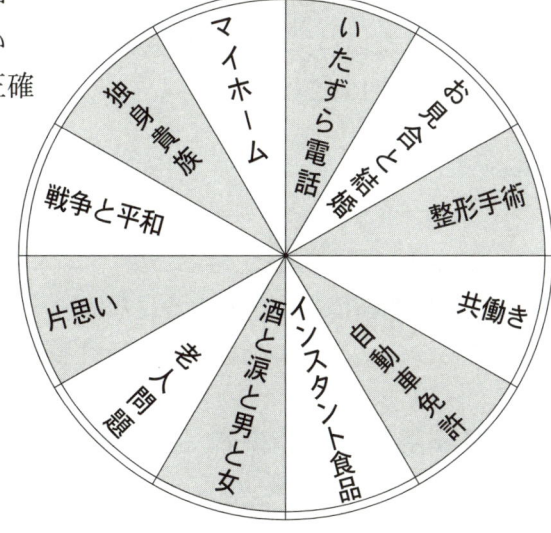

テーマ: マイホーム、いたずら電話、お見合い結婚、整形手術、共働き、血液型占い、酒と涙と男と女、インスタント食品、老人問題、片思い、戦争と平和、旅行貯金

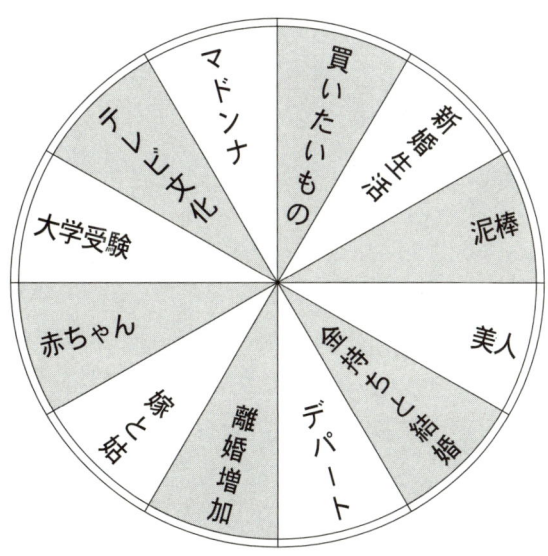

テーマ: マドンナ、買いたいもの、若者言葉、泥棒、美人、お金もうけ、デパート、離婚増加、嫁と姑、赤ちゃん、大学受験、テレビ文化

60 こんなテーマで楽しい会話を

ポイント ある有名な哲学者が「無知からは何の感情も生じない」と言ったが、会話もそうだろう。関心がなかったり、そのテーマに対して無知であったなら、ただ聞いているしかない。楽しい会話をするためにはいろいろな情報を提供し合い研究心を持っていかなければならない。意志のないところに発展はない。一人一人が持っている意見を出し合いながら、話を発展させて行こうではないか！本書の最後のページを飾るにふさわしく、楽しめる会話のテーマ100を提供したい。

時　間 50分〜90分

学習目標
1. いろいろな問題に関心を持つ。
2. テーマに関して問題提起できるようになる。
3. 研究心を持ちつつ、楽しく話を進めていけるようになる。

準　備 各テーマに関する基本的な予備知識

私は話したくて話したくてたまらない！

●いろいろなテーマで会話を発展させていくための参考資料です。日本人教師を始め、会話のクラスを担当する先生方が会話のテーマを決めるときに、よき手助けとなることを願ってやみません。よりよき教材づくりに励んでください。

1. 今、関心のあること
2. 女性らしさとは？
3. 修学旅行の思い出
4. 大都市での生活
5. マスコミの報道と責任
6. テレビ文化水準
7. 身体障害者問題
8. 本音と建て前
9. 100点を取ったとき
10. 料理のおいしい店
11. 優性遺伝・劣性遺伝
12. 女性の幸せとは？
13. 日韓の歴史を比較
14. アジアと米の文化
15. 子供の英才教育
16. 痴漢の心理を分析
17. 変わりゆく韓国
18. 暴走族とヤクザ
19. 右翼と左翼の闘争
20. UFO存在の有無
21. 男の浮気防止法
22. 涙をそそる悲しい話
23. 大統領に望むこと
24. 大学教育改革推進
25. 忘れられない先生
26. きたない虫・動物
27. 健康管理について
28. 失業者問題解決
29. 精神的な愛とお金
30. 日韓の習慣の違い
31. 住みやすい家の条件
32. 訪問販売の是非
33. ポルノ雑誌・映画
34. 国民の政治意識
35. 科学の発展の意義
36. 日本女性・韓国女性
37. 赤ちゃんの育て方
38. オリンピックの意義
39. 愛する心と異性観
40. 日本人の集団意識
41. ボーナスの使い道
42. 少年時代の思い出
43. 外国人労働者
44. 最近の凶悪事件
45. 成功した結婚例
46. 家計簿をつける
47. 世にも怖い話
48. 冠婚葬祭の常識
49. 通勤電車の不快感
50. 世界のトイレ比較
51. 夫の単身赴任
52. 血液型占い
53. 将来の夢実現
54. 男女の比較研究
55. 父の愛・母の愛
56. パチンコ賭博
57. 結婚の前と後
58. 麻薬撲滅作戦
59. もうかる商売
60. 親孝行とは何？
61. 美人は幸せか？
62. 結婚詐欺に注意
63. 怒りっぽい人
64. 古代文明は存在？
65. 波瀾万丈の人生
66. 不思議な体験談
67. 病気の予防
68. 国防と徴兵制
69. 学校の成績
70. 貧富の差の解決
71. 私の得意料理
72. 限界に挑戦
73. 新しい物好き
74. においと生活
75. 尊敬できる人物
76. ラブ・レター
77. 国際結婚
78. 感謝の生活
79. 神話の世界
80. 女のヒステリー
81. 将来の夢
82. 懐かしい歌
83. 整形手術の失敗
84. 面白い仕事
85. 弁当のおかず
86. 映画と人生観
87. 年中行事
88. デート成功術
89. お金持ちと結婚
90. 天才と凡人
91. 世界の国々
92. 泥棒の才能
93. 損して得とれ
94. 嫁と姑
95. ロボット社会
96. クラブ活動
97. 自動車
98. 十人十色
99. ブーム
100. 「幸せ」とは？

정 답

● *135p.*

1. ジャパン・レイルウェイ　2. ジョンレノン　3. ハンガリー　4. ニュージーランド
5. 敬具　6. トルストイ　7. 田　8. 82才　9. 北斗七星　10. 4334年(2001年現在)
11. 45日(計算上)　12. トインビー　13. 一気(飲み)　14. 曙　15. ナイアガラ
16. 45　17. 下がる　18. レア　19. キャビア　20. ダウンタウンレボリューション
21. 孔子　22. ミルク　23. 持ち込まない　24. ガガーリン　25. 酸素

● *137p.*

1. 三浦綾子　2. 労働基準法　3. 70階　4. 福を出してしまう。
5. 冷蔵庫の脱臭剤の代わりになる　6. ワシントン　7. トマト　8. 30日　9. 誕生日
10. 海のミルク　11. わさび　12. 自由の女神像　13. 侍　14. ドーピング
15. 紅白歌合戦　16. 豆　17. ダイオキシン　18. 発見された順　19. マルチリンガル
20. 鈴木一郎　21. スカイライナー　22. ワーキングホリデー　23. たぬき(狸寝入り)
24. ハットトリック　25. 社員をリラックスさせる

◆ 저자소개

- **千秋英二(ちあき　えいじ)**
  前 시사일본어학원 종로캠퍼스 전임강사
- **高野　進(たかの　すすむ)**
  前 시사일본어학원 강남캠퍼스 전임강사
- **岡崎　学(おかざき　まなぶ)**
  前 시사일본어학원 종로캠퍼스 전임강사

◆ 일러스트

八幡恵美子(やはた　えみこ)

Theme 60 일본어회화

즐거운 프리토킹 중상급자용

초판발행	2001년 10월 15일
1판 12쇄	2021년 3월 30일

저자	千秋英二・高野進・岡崎学
책임 편집	조은형, 무라야마 토시오
펴낸이	엄태상
마케팅	이승욱, 전한나, 왕성석, 노원준, 조인선, 조성민
경영기획	마정인, 조성근, 최성훈, 정다운, 김다미, 오희연
물류	정종진, 윤덕현, 양희은, 신승진
펴낸곳	시사일본어사(시사북스)
주소	서울시 종로구 자하문로 300 시사빌딩
주문 및 교재 문의	1588-1582
팩스	0502-989-9592
홈페이지	www.sisabooks.com
이메일	book_japanese@sisadream.com
등록일자	1977년 12월 24일
등록번호	제300 - 1977 - 31호

ISBN 978-89-402-9107-8 13730
　　　978-89-402-0397-2 13730 [set]

* 이 교재의 내용을 사전 허가 없이 전재하거나 복제할 경우 법적인 제재를 받게 됨을 알려드립니다.
* 잘못된 책은 구입하신 서점에서 교환해드립니다.
* 정가는 표지에 표시되어 있습니다.